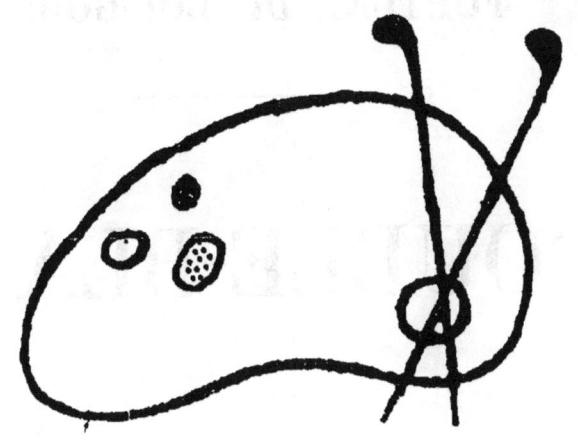

Début d'une série de documents en couleur

FORTUNÉ DU BOISGOBEY

DOUBLE-BLANC

TOME PREMIER

PARIS
LIBRAIRIE PLON
E. PLON, NOURRIT ET Cie, IMPRIMEURS-ÉDITEURS
RUE GARANCIÈRE, 10

Tous droits réservés

EN VENTE A LA MÊME LIBRAIRIE :

FORTUNÉ DU BOISGOBEY
Le Plongeur. 1 vol. .... 3 fr. 50
Décapitée. 4e édit. 1 vol. ... 3 fr. 50
Cornaline la Dompteuse. 3 fr. 50
Cœur volant. 2e édit. 2 vol. 7 fr. »
Porte close. 3e édit. 2 vol.. 7 fr. »
Babiole. 3e édit. 2 volumes. 6 fr. »
Margot la Balafrée. 2e éd. 6 fr. »
Le Collier d'acier. 3e édit. 3 fr. 50
Revanche de Fernande 3 fr. 50
Le Bac. 3e édit. 1 volume.. 3 fr. 50
Le Crime de l'Omnibus. 3 fr. 50
Le Pavé de Paris. 4e édit. 3 fr. 50
L'Héritage de J. Tourniol 3 fr. 50
La Voilette bleue. 5e édit. 3 fr. 50
Le Chalet des Pervenches. 3 fr. 50

E. FROMENTIN
Dominique. 4e édition. 1 v. 3 fr. 50

OUIDA
La Filleule des Fées. 2 vol. 7 fr. »
Fille du Diable! 2 vol... 7 fr. »
Cigarette. 3e édition. 2 vol.. 6 fr. »
Lady Tattersall. 1 vol...... 3 fr. 50

MARIE DE BESNERAY
Heureuse? 2e édit. 1 vol.... 3 fr. 50
Nadine. 1 volume............ 3 fr. 50
Vie brisée. 1 volume....... 3 fr. 50

ERNEST DAUDET
La Baronne Amalti. 1 vol. 3 fr. 50
Les Reins cassés. 5e édit.. 3 fr. 50
Mademoiselle Vestris.... 3 fr. 50
Zahra Marsy. Nouvelle édit. 3 fr. »
La Carmélite. 14e édit. 1 v. 3 fr. 50
Pervertis. 7e édit. 1 vol.... 3 fr. 50
Défroqué. 14e édit. 1 vol... 3 fr. 50
Mon frère et moi. 6e édit... 3 fr. 50
Le Mari. 10e édit. 1 volume. 3 fr. 50
Madame Robernier. 4e éd. 3 fr. »
Clarisse. 4e édit. 1 volume.. 3 fr. »
Les Persécutées. 1 volume. 3 fr. 50
La Marquise de Sardes.. 3 fr. 50
Maison de Graville. 7e éd. 3 fr. 50

ANDRÉ GÉRARD
Mélange. 2e édit. 1 vol..... 3 fr. »
Envers et contre tout... 3 fr. »
Reniée. 3e édition. 1 volume. 3 fr. 50
Trop jolie. 3e édit. 1 volume. 3 fr. »

JACQUES VINCENT
Vaillante (Ce que femme veut). 3 fr. 50
Le Retour de la Princesse. 3 fr. 50
Misé Féréol. 3e édition. 1 v. 3 fr. 50
Le Cousin Noël. 1 vol...... 3 fr. 50
La Comtesse Suzanne. 1 v. 3 fr. 50

FRANÇOIS VILARS
Fin d'amour. 1 volume.... 3 fr. 50
Les Mauvais Jours. 1 vol. 3 fr. 50
Roland d'Escours. 1 vol.. 3 fr. 50
Un homme heureux. 1 vol. 3 fr. »

HENRY GRÉVILLE
Louk Loukitch. 9e édit... 3 fr. 50
Chant de noces. 14e édit.. 3 fr. 50
La Seconde Mère. 18e édit. 3 fr. 50
Nikanor. 13e édit. 1 vol... 3 fr. 50
La Fille de Dosia. 16e édit. 3 fr. 50
Frankley. 11e édition. 1 vol. 3 fr. 50
Le Comte Xavier. 10e édit. 3 fr. 50
L'Amie. 18e édit. 1 volume. 3 fr. 50
Dosia. 64e édit. 1 volume.... 3 fr. »
Clairefontaine. 13e édit... 3 fr. 50
Le Mors aux dents. 9e éd. 3 fr. 50
Angèle. 17e édition. 1 vol... 3 fr. 50
Les Ornes. 13e édit. 1 vol.. 3 fr. 50
Un Crime. 14e édit. 1 vol... 3 fr. 50
Folle-Avoine. 16e édit. 1 v. 3 fr. 50
L'Ingénue. 14e édit. 1 vol... 3 fr. 50
Cléopâtre. 15e édit. 1 vol... 3 fr. 50
Louis Breuil. 16e édition.. 3 fr. 50
Une Trahison. 17e édition. 3 fr. 50
Le Vœu de Nadia. 16e édit. 3 fr. 50
Rose Rozier. 10e édit. 2 vol. 6 fr. »
Perdue. 35e édition. 1 vol... 3 fr. 50
Le Fiancé de Sylvie. 17e éd. 3 fr. 50
Madame de Dreux. 11e éd. 3 fr. 50
Degrés de l'échelle. 12e éd. 3 fr. 50
Le Moulin Frappier. 12e éd. 6 fr. »
L'Héritage de Xénie. 16e éd. 3 fr. 50
Lucie Rodey. 16e édit. 1 vol. 3 fr. 50
Princesse Oghérof. 24e éd. 3 fr. 50
Suzanne Normis. 17e édit. 3 fr. 50
Cité Ménard. 14e édit. 1 vol. 3 fr. 50
Croquis. 6e édition. 1 vol... 3 fr. 50
Un Violon russe. 13e édit.. 6 fr. »
Les Mariages de Philomène.
  13e édition. 1 volume...... 3 fr. 50
Bonne-Marie. 14e édition.. 3 fr. »
Ariadne. 19e édition. 1 vol... 3 fr. 50
Marier sa fille. 24e édit.... 3 fr. 50
Les Koumiassine. 15e édit. 7 fr. »
Maison de Maurèze. 14e éd. 3 fr. 50
Sonia. 32e édition. 1 volume. 3 fr. 50
La Niania. 21e édit. 1 vol... 3 fr. 50
L'Expiation de Savéli... 3 fr. »
Epreuves de Raïssa. 26e éd. 3 fr. 50
Nouvelles russes. 6e édit. 3 fr. 50
Comédies de paravent.. 3 fr. 50

BRADA
Compromise. 1 volume..... 3 fr. 50
Leurs Excellences. 1 vol.. 3 fr. »
Mylord et Mylady. 1 vol. 3 fr. 50

ALBERT DELPIT
Le Mariage d'Odette. 1 v. 3 fr. 50

LUCIEN BIART
Antonia Bezarez. 1 vol.... 3 fr. 50
Clientes du Dr Bernagius. 3 fr. 50
Quand j'étais petit. 2e édit. 3 fr. 50

CHARLES LOMON
La Régina. 1 volume...... 3 fr. 50
L'Amirale. 1 volume...... 3 fr. »
L'Affaire du Malpel..... 3 fr. 50

Paris. Typographie de E. Plon, Nourrit et Cie, rue Garancière, 8.

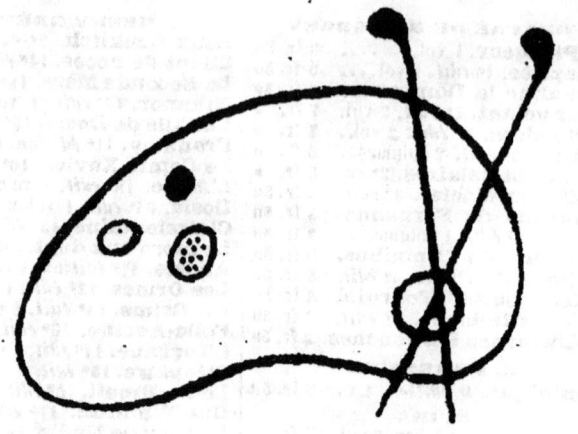

Fin d'une série de documents en couleur

DOUBLE-BLANC

L'auteur et les éditeurs déclarent réserver leurs droits de traduction et de reproduction à l'étranger.

Ce volume a été déposé au ministère de l'intérieur (section de la librairie) en juillet 1889.

PARIS. TYP. DE E. PLON, NOURRIT ET Cie, RUE GARANCIÈRE, 8.

FORTUNÉ DU BOISGOBEY

DOUBLE-BLANC

TOME PREMIER

PARIS
LIBRAIRIE PLON
E. PLON, NOURRIT ET Cie, IMPRIMEURS-ÉDITEURS
RUE GARANCIÈRE, 10

Tous droits réservés

DOUBLE-BLANC

I

L'ancien Opéra, incendié il y a quinze ans, n'avait ni façade imposante, ni escalier monumental, mais les vieux abonnés le regrettent. On y voyait moins d'étrangers et l'acoustique y était meilleure.

On y donnait aussi des bals masqués plus amusants que ceux d'à présent.

Le carnaval de 1870 fut joyeux et la nuit du samedi gras de l'année terrible, la salle de la rue Le Peletier regorgeait de monde. On s'écrasait dans les couloirs, on s'étouffait au foyer et les loges étaient bondées.

Aux premières, à droite, il y en avait une où on menait grand bruit. Les jeunes qui l'occupaient étaient montés à un formidable diapason de gaîté, et ce nid de viveurs élégants attirait les chercheuses d'aventures, comme la lumière attire les chauves-souris.

A tout instant, s'ouvrait et se refermait la porte qui donnait sur le fameux corridor, si magistralement mis en scène par les frères de Goncourt, au premier acte de *Henriette Maréchal*.

C'était un incessant va-et-vient de dominos de toutes les couleurs.

Quelques loups de dentelle abritaient peut-être de vraies mondaines en rupture de salons du *high-life*, mais la plupart cachaient mal des visages de demoiselles trop connues, et ces messieurs n'étaient pas venus au bal pour se faire *intriguer*, comme on disait jadis.

En ce temps-là, il n'y avait déjà plus que les collégiens et les provinciaux pour jouer à ce jeu démodé.

Dans la loge numéro 9, on remplaçait l'*intrigue* par une pantomime expressive, et les femmes qui s'y risquaient savaient à quoi elles s'exposaient. Elles partaient chiffonnées, mais non pas fâchées, et elles ne craignaient pas d'y revenir après une excursion dans les couloirs où on ne les respectait pas davantage.

Sous cette loge tapageuse, venaient de danser les *clodoches*, alors en pleine vogue, et le chef de la bande s'était mis à faire la quête. Dans son bonnet tendu, à bout de bras, il avait récolté une pluie d'or et il s'en allait recommencer plus loin ses exercices, en les dédiant à d'autres amateurs de contorsions.

Il n'était resté qu'un individu, costumé en troubadour de pendule, vêtu d'une tunique abricot et coiffé d'une toque à créneaux.

Celui-là n'avait pas figuré dans le quadrille privilégié. Il avait bien essayé de s'y mêler, mais les autres l'avaient rudement repoussé. N'est pas clodoche qui veut et les titulaires de l'emploi ne se souciaient pas d'admettre un intrus au partage des bénéfices. Ces drôles ne travaillaient pas pour l'amour de l'art et le bal de l'Opéra leur rapportait gros à cette époque où les riches avaient encore le louis facile.

Le troubadour évincé avait l'air si triste et il regardait si humblement les semeurs de pourboires que l'un d'eux le prit en pitié, un grand brun que les grimaces des clodoches n'avaient pas déridé et qu'avaient laissé froid les agaceries des belles de nuit qui, les unes après les autres, s'étaient assises près de lui.

La dernière venue, une blonde en domino blanc, ne lui avait rien dit encore, mais elle n'avait pas quitté la place, pendant qu'il se demandait, en examinant le troubadour mélancolique : Où donc ai-je déjà vu cette figure-là ?

Il ne voulait pas l'interpeller du haut de la loge, mais tirant de sa poche une pièce de vingt francs, il la montra au piteux personnage qui s'empressa de tendre ses deux mains jointes pour la recevoir.

Le pauvre diable n'était ni un ingrat, ni un incrédule, car après avoir fait un signe de croix, il leva sur son bienfaiteur des yeux baignés de larmes.

Un travesti de bas étage qui pleure de joie au bal masqué, c'est rare, mais le signe de croix stupéfia le bienfaiteur qui ne put pas s'empêcher de dire, assez haut pour que sa voisine l'entendît :

— Est-ce que ce gars-là serait de mon pays ? Il n'y a guère qu'en Bretagne que les pauvres remercient Dieu, quand on leur fait l'aumône.

— Vous êtes Breton, Monsieur ? demanda vivement la blonde.

Sa voix était douce ; son ton était celui de la bonne compagnie, et maintenant elle disait : « vous » au jeune homme qu'elle avait tutoyé d'abord.

Tout étonné de ce changement, il allait se décider à lui répondre. Un de ses compagnons s'en chargea, un gros garçon à mine réjouie, qui s'écria :

— Un peu qu'il l'est !... Breton bretonnant, mon ami Hervé... noble comme un Rohan, brave comme feu Duguesclin et sociable comme un sanglier de la forêt de Rennes.., je vais te le présenter... Hervé

Le Gouesnach, seigneur de Scaër, Trégunc et autres lieux... âgé de vingt-sept ans... orphelin de père et de mère... propriétaire foncier... châtelain de plusieurs manoirs couverts d'ardoises... et d'hypothèques... Te voilà renseignée, ma petite Double-Blanc...

Je t'appelle Double-Blanc parce que, excepté toi, il n'y a ici que des dominos noirs... Tu me fais l'effet d'être gentille... Veux-tu souper avec moi ?

— Avec vous, non, dit nettement la jeune femme.

— Tu aimerais mieux souper en tête-à-tête avec Hervé... pas la peine, ma chère. Tu perdrais ton temps. Il va se marier.

— Déjà ! murmura la blonde.

— Parfaitement... et si tu savais contre qui...

— Assez ! interrompit le grand brun.

— Oh ! ne te fâche pas !... cette enfant m'intéresse et j'ai bien le droit de lui crier : casse-cou !... Je ne suis pas Breton, moi : mais je suis très sérieux... mes autres amis aussi... et j'invite la petite à grignoter avec nous quelques écrevisses, au *Grand-Quinze*.

— Merci, Monsieur, je n'y tiens pas, répond le domino blanc.

— Des manières, alors !... Madame est une femme du monde !... Fallait le dire !

Et le joyeux garçon se rejeta sur une errante qui

venait d'arriver et qui l'accueillit beaucoup mieux.

La blonde n'avait pas cessé de regarder Hervé et elle finit par lui dire, en baissant la voix :

— Je voudrais vous revoir.

— Me revoir ?... à quoi bon ? Je vais me marier... mon ami vient de vous le dire... et je ne suis pas disposé à faire la fête.

— Je n'y suis pas plus disposée que vous, mais je vous connais depuis longtemps et je vous cherche depuis un an. Je vous ai aperçu dans cette loge et je n'y suis entrée que pour vous parler.

— Eh bien !... parlez-moi ! et si vous voulez que je vous écoute, commencez par m'apprendre votre nom et comment vous me connaissez.

— Mon nom ne vous renseignerait pas sur ma personne. Tout ce que je puis vous dire, c'est que vous m'avez rencontrée... autrefois... en Bretagne... et que vous vous souviendriez peut-être de moi si je vous montrais ma figure.

— Montrez-la-moi donc !

— Ici ?... non... je ne veux pas.

— Alors, je ne la verrai jamais, car je vais quitter le bal, et il est probable que, de ma vie, je n'y remettrai les pieds.

— Ni moi non plus, mais si je savais où vous demeurez à Paris, je pourrais vous écrire.

— Vous pourriez même venir chez moi, et je n'y tiens pas.

— Oui, je comprends... Vous craignez que ma visite ne vous compromette... Vous avez tort... Je ne suis pas ce que vous pensez, et puisque vous refusez de me donner votre adresse, je me contenterai de vous donner la mienne.

Prenez-ceci, je vous prie, dit la blonde, en glissant dans la main d'Hervé une enveloppe cachetée à la cire.

Et sans lui laisser le temps de se récrier, elle sortit de la loge.

— Tiens ! dit le gai compagnon qu'elle avait rebuté, voilà le double-blanc qui décampe. Tant mieux !... cette farceuse appartient évidemment à l'espèce des *demi-castors*... la pire de toutes... ni chair ni poisson... ni cocotte ni femme du monde. Elle a essayé de nous *la faire à la pose*, mais avec moi, Ernest Pibrac, ça ne prend pas, et j'espère bien que tu ne vas pas courir après elle. Tu souperas avec nous.

— Peut-être ; mais on étouffe ici, et je vais respirer un peu...

— Dans les corridors ?... Il y fait encore plus chaud... Avoue donc que tu as envie de rattraper la blonde... Bonne chance, mon cher !... tu nous trouveras chez Verdier... à la Maison d'Or... à trois heures... j'ai retenu le cabinet du fond.

Ernest n'avait pas vu son camarade recevoir et empocher prestement l'enveloppe; s'il l'avait vu, il n'aurait pas manqué de se moquer de lui et il y aurait eu de quoi, car cette coureuse masquée ne valait probablement pas qu'on la prît au sérieux.

Mais Hervé de Scaër n'était pas Breton pour rien et quelques années de vie parisienne ne l'avaient pas guéri des naïvetés de son enfance. Il croyait encore à bien des choses que ses nouveaux amis blaguaient impitoyablement. L'inconnu l'attirait et il n'hésitait jamais à se lancer dans une aventure, sans se demander où elle le conduirait.

Il avait pourtant de bonnes raisons pour être prudent, car après beaucoup de sottises coûteuses, il touchait au port du mariage et il allait franchir gaiement le pas solennel qui sépare la vie de garçon de la vie conjugale. Il s'agissait de sauver les terres qui lui restaient de son patrimoine, fortement ébréché par ses folies de jeunesse, et de plus, sa future était charmante.

Mais, s'il tenait à retrouver la blonde, ce n'était pas, comme le croyait son ami Pibrac, pour se passer une dernière fantaisie avant d'enchaîner sa liberté. Il ne savait même pas si elle était jolie, et d'ailleurs il était fort blasé sur les bonnes fortunes d'occasion, car il ne comptait plus ses succès dans tous les mondes et il les méritait.

Ce gentilhomme armoricain plaisait à toutes

les femmes avec ses grands yeux noirs pleins de feu, sa haute taille, son air mâle et sa tournure élégante ; sans parler de son esprit romanesque et de son caractère énergique.

Il n'en était donc pas à une conquête de plus ou de moins et le sentiment qui le poussait à suivre cette inconnue n'était qu'un sentiment de curiosité.

Elle affirmait l'avoir vu en Bretagne et il n'avait pas perdu le souvenir d'une rencontre qu'il y avait faite autrefois dans des circonstances inoubliables : une femme qui s'était montrée à lui, un soir, sur une grève déserte. Et il se demandait si ce n'était pas cette femme qui venait de lui apparaître encore au bal de l'Opéra.

La supposition n'avait pas le sens commun, mais son imagination faisait des siennes et il s'était mis en tête de savoir à quoi s'en tenir.

Il se promettait bien d'ouvrir la lettre mystérieuse qu'elle lui avait laissée, mais il voulait d'abord la rejoindre, à seule fin de la questionner.

Pibrac et les autres viveurs ne seraient plus là. Elle ne refuserait pas de s'expliquer en tête-à-tête.

La rejoindre, ce n'était pas facile au milieu de cette foule qui obstruait le corridor des premières. Hervé, cependant, ne désespérait pas d'apercevoir le domino blanc qui la signalait de loin ; mais il eut beau se jeter au plus épais de la cohue, il n'aperçut que des femmes encapuchonnées de noir, et bientôt il se trouva pris dans une poussée de déguisés venant de la salle, repoussé, ballotté et finalement collé contre la muraille.

En jouant des coudes, il parvint à se dégager et il songeait à se réfugier au foyer, lorsqu'il sentit qu'on le tirait par les basques de son habit.

En se retournant pour envoyer une bourrade au malôtru qui s'accrochait à lui, il vit que c'était l'homme qu'il avait tout à l'heure gratifié d'un louis, et, à sa grande stupéfaction, ce pauvre diable lui dit :

— Excusez-moi, monsieur Hervé, si je me permets de vous parler.

— Vous ne me reconnaissez pas, je le vois bien, reprit humblement le troubadour, en ôtant sa toque à créneaux.

— Non, pas du tout, dit Hervé de Scaër, et pourtant il me semble que je t'ai déjà vu quelque part.

— Vous m'avez vu en Bretagne, quand je menais les chèvres brouter dans la lande de Rustéphan. Vous ne vous souvenez pas de moi, mais vous devez vous souvenir de mon père, Baptiste Kernoul... il a longtemps servi le vôtre.

— Kernoul !... le vieux garde de la forêt de Clohars ?... Comment ! c'est toi, le gars aux biques, comme on t'appelait là-bas!... On m'avait dit que tu étais parti pour la pêche à Terre-Neuve et que tu y avais péri dans un naufrage.

— Ils croient ça chez nous et ce n'est pas moi qui leur apprendrai qu'ils se trompent, car je ne reviendrai jamais au pays.

— Pourquoi donc?

— Ah! notre maître, je n'ose pas vous le dire... et pourtant....

Le colloque fut interrompu par une nouvelle poussée et, voyant qu'il n'y aurait pas moyen de le reprendre dans ce couloir tumultueux, Hervé se mit à fendre la foule, après avoir fait signe au chevrier de le suivre. Cet homme l'intéressait depuis qu'il savait son nom; il tenait à entendre son histoire et rien ne l'empêchait de l'écouter à loisir, puisque le domino blanc avait disparu; mais il ne se souciait pas que ses amis le surprissent causant familièrement avec un clodoche, et il eut l'idée de l'emmener à la buvette, au troisième étage des loges.

Là, il ne rencontrerait certainement personne de son monde et, en effet, il n'y trouva guère que des déguisés sans élégance, de ceux que l'administration du bal payait pour danser.

En 1870, on usait déjà de ce moyen d'entretenir la gaîté dans la salle.

Les deux Bretons prirent place à une table poisseuse et le seigneur de Scaër fit apporter un carafon d'eau-de-vie. Il comptait que l'alcool délierait la langue de son compatriote et il n'avait pas tort.

Le gars aux biques vida coup sur coup plusieurs petits verres et, quand il les eut absorbés, il n'attendit pas que son ancien maître l'interrogeât.

— Ah! monsieur Hervé, soupira-t-il, c'est le bon Dieu qui m'a poussé à venir ici cette nuit.

— Le bon Dieu?... Tu y crois donc encore?

— Si j'y crois!... Oh! oui... Vous me demandez ça, parce que vous me voyez habillé en mardi-gras. Ah! notre maître, ce n'est pas pour m'amuser que je me suis mis ce *pouillement* sur le dos. Si vous saviez...

— Pour que je sache, il faut que tu me renseignes. Conte-moi tes affaires. Et d'abord, pourquoi as-tu quitté le pays?

J'espère bien que ce n'est pas parce que tu as fait un mauvais coup.

— Non... je n'ai rien à craindre des gendarmes... et, ma foi! j'aime autant vous dire tout de suite la vérité... je suis parti de votre ferme de Lanriec parce que.., parce que j'étais amoureux.

— Amoureux, toi!... et de qui?... *d'une pâtouresse?*

— Oh! non!... je ne les regardais seulement pas, les *pâtouresses*... Mais, vous rappelez-vous?... Il y a trois ans... vous étiez encore au château...

il passa une troupe de Bohémiens qui jouaient des comédies...

— Parfaitement... ils donnaient des représentations sur la grande place de Concarneau. J'ai assisté à la première.

— Ils y sont restés toute une semaine.

— Je ne les ai vus qu'une fois, la veille de mon départ pour Paris, mais je me souviens très bien qu'ils avaient avec eux une très jolie fille, qui dansait en jouant des castagnettes.

— Eh bien! c'est elle qui m'a tourné la tête.

— Et tu as abandonné tes chèvres pour la suivre ?

— Oui... à pied... et avec six francs douze sous dans ma poche... Je marchais derrière leur carriole et, le soir, je couchais dessous... mais je n'osais pas leur parler et je vivais de croûtes de pain. Au bout de huit jours, le chef de la bande me proposa de me nourrir si je voulais m'engager comme paillasse...

— Et tu t'empressas d'accepter ?

— Oui... pour rester avec Zina.

— Ah! elle s'appelait Zina... elle en avait bien l'air... toutes les Bohémiennes s'appellent Zina... et tu lui as plu ?

— Dans les premiers temps, elle ne pouvait pas me regarder sans me rire au nez... plus tard, elle a eu pitié de moi, comme on a pitié d'un chien qu'on a ramassé dans la rue... et puis enfin...

petit à petit, elle s'est attachée à moi, et tout d'un coup... un jour que j'avais empêché le maître de la battre... elle m'a demandé si je voulais l'épouser.

— Et tu as dis : oui ?

— J'ai été trop content. C'est le vieux chef qui nous a mariés... dans une lande, entre Ploërmel et Paimpont... en cassant une cruche... à la mode de Bohême...

— Et tu t'es passé de Monsieur le maire et de Monsieur le curé, toi, un gars du pays de Cornouailles !

— Oh ! je sais bien que j'ai mal fait, et si j'avais pu rentrer à Trégunc, j'aurais été trouver monsieur le recteur pour nous marier à l'église.

— Bon ! mais je suppose qu'elle t'a planté là, ta Bohémienne.

— Mais non, monsieur Hervé ; elle est toujours avec moi.

— Alors, vous demeurez ensemble ?

— Depuis six mois. Elle est tombée malade pendant la foire de Saint-Cloud et le patron l'a renvoyée de la troupe... Je ne pouvais pas l'abandonner... elle n'a plus que moi pour la soigner... et je ne la guérirai pas... elle s'en va de la poitrine... mais je resterai avec elle jusqu'à la fin...

Alain s'arrêta. L'émotion lui coupait la parole. Il pleurait.

Hervé fut touché, et au lieu de sourire de la mine ridicule du troubadour larmoyant sous sa toque dont le plumet lui retombait sur les yeux, il lui dit doucement :

— Je te plains, mon pauvre gars... et je suis tout prêt à t'aider.

— Merci, monsieur Hervé! Vous venez de m'empêcher de me détruire, car s'il m'avait fallu rentrer sans argent, je serais peut-être allé me jeter à l'eau. Vous m'avez donné vingt francs et je pourrai acheter ce que le médecin a ordonné pour Zina.

— Tu feras bien, mais, avec un louis, on ne va pas loin. De quoi vivez-vous, toi et ta malade?

— Elle travaille pour une maison de broderie... pas beaucoup, parce qu'elle n'en a plus la force.

— Comment! elle travaille!... une fille de bohémiens!

— Elle n'est pas de leur race. Ils l'ont volée, toute petite.

— Bien! un roman!... quel âge a-t-elle?

— Un an de moins que moi... et si j'étais à Trégunc, je tirerais au sort l'année prochaine.

— Alors, elle va mourir à dix-neuf ans!... c'est bien triste... Ah! çà, j'espère bien que tu n'es pas aux crochets de cette malheureuse?

— Oh! monsieur Hervé, vous ne croyez pas ça. J'aimerais mieux crever de faim... et si j'avais un bon état, je vous jure qu'elle ne manquerait de rien. Mais voilà !... avant de la connaître, je n'avais jamais rien fait que de garder mes chèvre dans les landes... C'est encore heureux que monsieur le recteur de Trégunc m'a appris à lire et à écrire... quand je pense que moi qui aimais tant à servir la messe, je suis figurant au Châtelet !...

— Et pourquoi, diable ! t'es-tu fait figurant ?

— Pour gagner trente sous par soirée. Nous n'avons plus que ça pour vivre, Zina et moi, car, depuis un mois, elle n'a pas d'ouvrage.

Hervé n'avait pu écouter sans être ému cet exposé de la situation présente du gars aux biques, mais il doutait encore de l'exactitude du récit de ce Cornouaillais qui, à l'en croire, était venu échouer sur un théâtre de Paris, après avoir suivi une troupe de saltimbanques.

Ces aventures-là n'arrivent guère aux pâtres de la basse Bretagne, et Hervé se promettait de vérifier les faits, avant d'assister sérieusement ce compatriote dévoyé.

Il commença par lui poser une question.

— Il n'y a pas de sots métiers, dit-il, et autant celui-là qu'un autre, puisqu'il te nourrit... mais je m'étonne de te voir au bal de l'Opéra, pendant que ta femme est si malade. Tu ne devrais pas avoir le cœur à la joie.

— Oh ! non, s'écria Kernoul, et je vous prie de croire que je ne suis pas venu ici pour m'amuser. J'avais entendu dire au théâtre que les clodoches rapportaient de l'argent plein leurs poches... j'ai pensé que j'en ferais bien autant qu'eux... Au *pardon* de Trégunc, je sautais plus haut que tous les autres gars et, quand j'étais paillasse, j'ai appris à grimacer et à me disloquer... il me manquait un costume... Zina m'en a arrangé un avec des vieilles défroques, du temps où nous jouions des pièces à spectacle.

— Il est assez réussi, ton costume, dit Hervé en souriant.

— Oui, mais je ne pouvais pas danser tout seul et les clodoches n'ont pas voulu me laisser danser avec eux. Ça fait que, si vous n'aviez pas eu pitié de moi, j'aurais perdu ma nuit. Vous m'avez donné vingt francs, mais je suis encore plus content de vous avoir retrouvé. Je savais bien que vous étiez à Paris et j'espérais toujours que j'aurais la chance de vous rencontrer...

— Alors, tu m'as reconnu dans la loge où j'étais?

— Pas tout d'abord, parce que... excusez-moi de vous dire ça... là-bas, en Bretagne, vous aviez meilleure mine... mais à force de vous regarder j'ai bien vu que c'était vous, notre maitre... et quand vous êtes sorti...

— Tu es venu m'attendre dans le corridor. Tu as bien fait. Je t'aiderai. Où demeures-tu?

— Rue de la Huchette, 22... dans une vieille maison noire, où vous n'oseriez pas entrer...

mais si vous me permettiez d'aller chez vous...
j'ai encore des habits propres...

— Eh bien ! tu peux venir. Je suis logé à l'hôtel du Rhin, sur la place Vendôme, et je ne sors jamais avant midi. Tu m'apporteras des nouvelles de ta malade... et quand tu voudras rentrer au pays... avec ou sans elle... je te reprendrai à Lanriec.

— La ferme n'est donc pas vendue?

— Comment sais-tu qu'elle était à vendre ?

— Dame! quand j'en suis parti, on disait qu'un richard de Paris allait tout acheter... les terres, la forêt, le château...

— Il en a été question, interrompit Hervé, mais j'espère les conserver. C'est pourquoi, mon gars, si tu n'as pas menti et si tu te conduis bien, tu pourras finir tes jours à mon service.

Alain allait remercier son maître, lorsqu'une grosse rumeur monta d'en bas jusqu'à la buvette. Des gens se bousculaient dans l'escalier en criant: « Au voleur! arrêtez-le ! »

Hervé se leva, s'avança et se heurta contre un homme qui faillit le renverser en s'accrochant à lui.

Le contact fut court, mais il fut complet, car cet homme prit Hervé à bras le corps, par-dessous son habit noir, et le tint un instant serré contre sa poitrine ; après quoi, il se remit à courir pour grimper aux quatrièmes loges. Ceux qui le poursuivaient passèrent comme une meute aux trousses d'un cerf. Ils le chassaient à vue et ils ne pouvaient pas manquer de le prendre au dernier étage, à moins qu'il ne trouvât le moyen de fuir par les toits.

Le seigneur de Scaër ne fut point tenté de courir après un filou qui ne lui avait rien volé, et il se retourna pour chercher Alain Kernoul.

Le gars aux biques n'était plus là.

Hervé ne s'inquiéta pas de la disparition de son compatriote. Hervé avait dit à ce Breton fourvoyé tout ce qu'il avait à lui dire. Il s'était intéressé aux singulières aventures et à la triste situation d'Alain Kernoul ; il ne demandait pas mieux que de lui venir en aide, mais il en avait assez fait pour cette fois et il ne lui restait plus qu'à attendre la visite que le gars aux biques ne manquerait pas de lui faire à l'hôtel du Rhin.

Il regrettait même d'avoir perdu à l'interroger une demi-heure qu'il aurait pu mieux employer, car il était sorti de la loge pour tâcher de rejoindre la blonde inconnue et elle avait eu tout le temps de quitter le bal de l'Opéra pendant qu'il bavardait à la buvette.

Il ne faut pas courir deux lièvres à la fois, dit un proverbe fort sage, qui s'appliquait parfaitement à la situation.

Hervé n'espérait plus rattraper la femme qu'il cherchait. Il se consola en se rappelant qu'elle lui avait remis une lettre où il trouverait probablement son adresse et l'explication de ses allures mystérieuses. Mais le lieu eût été mal choisi pour l'ouvrir et il se décida à ne la décacheter qu'au moment où, rentré chez lui, il pourrait la lire sans craindre d'être dérangé par une nouvelle bagarre.

Le souper au *Grand-Quinze* ne le tentait pas du tout. Il était entré au bal, parce qu'il avait rencontré sur le boulevard Ernest Pibrac qui l'avait entraîné, et il ne tenait pas à enterrer sa vie de garçon dans un cabinet de restaurant.

Après avoir rajusté sa cravate, son gilet et son habit que le fuyard, en l'étreignant, avait fortement fripés, il s'empressa de regagner le corridor des premières.

Il n'y rencontra ni Alain, ni le *double-blanc*, comme disait Pibrac; mais il n'eut qu'à écouter pour apprendre que la cause de la bousculade était un vulgaire filou surpris en flagrant délit de vol *à la tire* par un Monsieur qui sans doute s'était vite consolé de la perte de son portefeuille, car au lieu de poursuivre le voleur, qu'il avait laissé échapper, il s'était prestement éclipsé.

Hervé ne s'attarda point à entendre les commentaires qu'on faisait entendre autour de lui sur cet incident. Il avait hâte de partir et il s'en alla réclamer son pardessus qu'il avait confié à l'ouvreuse de la loge où ses compagnons étaient restés. Il arriva juste au moment où ils en sortaient pour mener à la Maison d'Or un lot de soupeuses recrutées au hasard, et il eut toutes les peines du monde à se défendre d'être de la fête. Il lui fallut même, bon gré mal gré, les accompagner pendant le court trajet de la rue Le Peletier à la rue Laffitte.

C'était si près que toute la bande fit le voyage à pied par le boulevard.

Pibrac s'était accroché au bras d'Hervé et s'évertuait à lui démontrer qu'il ne pouvait pas décemment lâcher des camarades.

— Mon cher, lui disait-il, je comprends que tu ne t'affiches plus avec des demoiselles. C'était bon quand tu achevais de manger ta fortune, et depuis ta promotion au grade de fiancé, tu es obligé de te gouverner autrement, je le reconnais. Mais en soupant avec nous, tu te compromettras moins qu'en te montrant sur le devant de notre loge, comme tu viens de le faire. Et d'ailleurs, puisque tu as mis un pied dans le crime, tu peux bien y mettre les deux.

— D'accord, répondait distraitement Hervé, mais je préfère aller me coucher. Je ne me sens pas en train.

— Dis donc plutôt que tu es amoureux de ta promise. Ce n'est pas moi qui te le reprocherai. On l'épouserait rien que pour ses beaux yeux et elle a un million de dot, sans compter les espérances... et pour comble de bonheur, tu n'auras pas de belle-mère! Bernage est veuf. En voilà un qui ne gênera pas son gendre !... Il ne pense qu'à ses affaires... et elles lui réussissent... Il a encore gagné trois cent mille francs à la dernière liquidation. Tu sais ça... mais tu ne te doutes pas qu'il est venu cette nuit au bal de l'Opéra.

— Allons donc !

— Parfaitement, mon petit. Je l'ai rencontré dans les couloirs. Il avait mis un faux-nez, mais je l'ai reconnu tout de même, et je lui ai fait la farce de crier son nom, derrière lui. Il s'est retourné, je me suis dérobé et je crois qu'il a décampé immédiatement. Je me demande pourquoi il tenait tant à garder l'incognito.

— Je me le demande aussi, dit entre ses dents Hervé, tout étonné d'apprendre que son futur beau-père fêtait le carnaval dans la salle de la rue Le Peletier.

Ce financier aurait pu sans inconvénient y louer une loge et s'y montrer en compagnie d'hommes aussi sérieux que lui, mais rôder par les corridors, affublé d'un faux-nez, c'était à n'y pas croire, et Hervé pensa que son facétieux ami inventait cette histoire pour le taquiner.

Peu lui importait d'ailleurs qu'elle fût vraie et que M. de Bernage l'eût aperçu, car il ne comptait pas se cacher d'être allé au bal masqué. Il se proposait même de raconter cette escapade à

M̄ᵁᵉ Solange de Bernage, sa fiancée, qui était trop intelligente et surtout trop Parisienne pour la lui reprocher.

Il en serait quitte pour ne pas lui parler de la blonde.

— Je ne me charge pas de résoudre ce problème, reprit Pibrac; et puisque décidément tu ne veux pas être des nôtres, nous souperons sans toi. Bonne nuit, mon cher! Tâche de ne pas rêver que tu joues aux dominos et que tu poses le *double-blanc*.

Cette allusion à la femme disparue coupa court à la causerie, car, pour éviter des questions qu'il prévoyait et auxquelles il ne se souciait pas de répondre, Hervé fila au pas accéléré, plantant là ses amis et leurs donzelles.

Il faisait un froid sec et, par ce temps clair, c'était un plaisir de marcher jusqu'à la place Vendôme. Le seigneur de Scaër n'eut garde de manquer une si belle occasion de dégourdir ses jambes, car ce Breton, accoutumé, dès son enfance, à courir les landes et les grèves, supportait mal la privation d'exercice que lui imposait sa nouvelle existence. Il alluma un cigare, releva le collet de son pardessus et s'achemina pédestrement vers l'hôtel du Rhin, où il logeait en attendant la conclusion du mariage qui allait changer sa vie.

En ce temps-là, on fêtait encore le carnaval

et, la nuit du samedi au dimanche gras, le boulevard des Italiens était presque aussi animé qu'en plein jour. Les fenêtres des restaurants à la mode étincelaient de lumières et des bandes de masques avinés se suivaient sur le bitume en poussant les *ohé!* traditionnels.

Tout était joie et chansons dans ce Paris que les Allemands devaient assiéger, sept mois plus tard.

Cependant, le mouvement et le bruit ne dépassaient guère la Chaussée-d'Antin et Hervé trouva la rue de la Paix à peu près déserte. Il s'y engagea sans regarder derrière lui et il ne lui vint pas à l'esprit qu'on pouvait l'attaquer sur ce chemin peu fréquenté à trois heures du matin. Il était du reste de force à se défendre et il ne craignait rien ni personne.

Au moment où il débouchait sur la place Vendôme, il fut dépassé par un monsieur qui le suivait à distance et qui, au lieu de piquer droit vers la rue de Castiglione, obliqua à gauche, en rasant les maisons : un monsieur en grande tenue de bal, habit noir et cravate blanche, sans paletot, par une belle gelée de février.

— Voilà un homme qui n'a pas peur de s'enrhumer, pensa Hervé, sans se préoccuper autrement de cette singulière rencontre.

Et il traversa la place en passant tout près du piédestal de la colonne. Il était arrivé devant l'hôtel du Rhin, lorsqu'il crut revoir le même individu qui l'avait devancé en hâtant le pas et qui cherchait à se dissimuler dans l'enfoncement d'une porte cochère. Scaër fut tenté d'aller lui demander l'explication de cette manœuvre suspecte, mais il se ravisa et, sans cesser de l'observer du coin de l'œil, il mit la main sur le bouton de sonnette de l'hôtel qu'il habitait.

Bien lui en prit d'être resté sur ses gardes, car, avant qu'il eût sonné, le drôle sortit tout doucement de son embuscade et s'avança à pas de loup, dans l'intention évidente de tomber sur lui par derrière.

Scaër fit aussitôt volte-face et se mit en posture de le recevoir à coups de poing, mais il n'eut pas besoin de boxer, car un homme se jeta entre lui et l'assaillant qui s'arrêta net et s'enfuit à toutes jambes.

Au même instant, Scaër stupéfait reconnut cet auxiliaire inattendu. C'était Alain Kernoul, toujours déguisé en troubadour de pendule.

D'où sortait-il et comment était-il arrivé là si à propos ! Hervé, qui n'y comprenait rien, le reçut assez mal.

— De quoi te mêles-tu ? lui demanda-t-il rudement.

— Ah! notre maître ! s'écria le gars aux biques, vous n'avez donc pas vu qu'il tenait un couteau et qu'il allait vous tuer ?

— Et pourquoi m'as-tu suivi jusqu'ici ?

— Parce que je me défiais de ce coquin-là. Un voleur est bien capable d'assassiner.

— Un voleur ?

— Eh ! oui... c'est le même individu qui s'est jeté sur vous à la buvette et qui se sauvait parce qu'il avait filouté la bourse d'un monsieur. Ils ont eu beau lui courir après, il leur a échappé en faisant des crochets comme un lièvre... mais moi qui n'avais pas pris le même chemin que les autres, je me suis trouvé bec à bec avec lui, au pied d'un petit escalier qu'il venait de dégringoler pour les dépister.

— Et tu ne l'as pas fait arrêter !

— Non... ça ne me regardait pas, et on dit chez nous qu'il ne faut jamais se mêler d'aider les gendarmes. Mais je voulais savoir ce qu'il allait devenir et je me suis arrangé pour ne pas le perdre de vue. Vous ne devineriez jamais ce qu'il a fait... Il a enlevé la fausse barbe qui lui cachait tout le bas de la figure et, après, il a eu l'aplomb de rentrer dans le corridor des premières où il avait fouillé les poches, un quart d'heure auparavant. Ça le changeait tellement de ne plus avoir de poils au menton que le monsieur qu'il a volé ne l'aurait pas reconnu. Mais moi qui l'avais vu ôter ses postiches, j'étais sûr que c'était lui. Et puis, il a des yeux qu'on ne peut pas oublier, des yeux d'émouchet.

— Tout ce que tu me contes là ne m'explique pas pourquoi je l'ai eu sur mes talons depuis l'Opéra.

— Faut croire qu'il avait de bonnes raisons pour vous filer, car du moment qu'il vous a revu dans le couloir des premières loges, il n'a fait que tourner autour de vous, pendant que vous causiez avec vos amis, et quand vous êtes sorti du théâtre, il est sorti derrière vous, sans prendre le temps de retirer son paletot du vestiaire. Tout ça m'a paru louche, et je vous aurais averti, si j'avais osé vous parler devant ces messieurs... mais je n'ai pas osé et je me suis décidé à lui emboîter le pas, tant qu'il ne vous aurait pas lâché.

— Je ne peux pas t'en vouloir, mais je crois que tu t'es trompé... car enfin, pourquoi ce gredin se serait-il mis à mes trousses? Il m'a vu de très près en me bousculant là-bas, mais il ne me connaît pas. Il m'a suivi comme il aurait suivi le premier venu, pour me dévaliser s'il en trouvait l'occasion, et il a cru la trouver dans ce coin sombre. Il a manqué son coup et il court encore. Il ne recommencera pas.

— Que le bon Dieu vous entende, notre maître!... Mais si ce gueux-là a quelque chose contre vous, il ne sera pas en peine de vous retrouver, maintenant qu'il sait où vous demeurez.

— Eh! bien, qu'il y vienne, répondit froidement

Hervé. Je le recevrai de façon à lui ôter l'envie de recommencer. Mais il s'en gardera, car il sait que je pourrais le faire arrêter... je n'aurais qu'à dire qu'il a volé au bal de l'Opéra et qu'il a essayé de m'attaquer à ma porte... tu me servirais de témoin. Seulement, il ne s'avisera pas de s'y frotter. Je ne te sais pas moins de gré de l'avoir mis en fuite et tu peux compter que je t'aiderai comme je te l'ai promis.

Maintenant, mon gars, va retrouver ta malade... et ouvre l'œil en route... ce coquin n'aurait qu'à te rattraper et à te tomber dessus...

— Oh! dit Alain en secouant la tête, ce n'est pas à moi qu'il en veut et je n'ai peur que pour vous, notre maître, car, bien sûr, il ne vous a pas suivi pour rien, et si j'étais à votre place...

— Bonne nuit! interrompit Scaër en passant la porte cochère qui venait de s'ouvrir à son coup de sonnette.

Il la referma au nez du Breton trop zélé, prit un bougeoir des mains du garçon qui veillait et monta lestement au troisième étage où il occupait un joli appartement dont les fenêtres donnaient sur la place Vendôme.

Il en avait assez de ces semblants d'aventures qui n'aboutissaient à rien; il n'était pas très convaincu d'avoir couru un danger, comme le prétendait le gars aux biques, et il lui tardait d'être seul pour lire enfin la lettre de cette inconnue qui s'était dérobée au moment où elle commençait à l'intéresser.

Hervé s'était laissé entraîner au bal de l'Opéra, sans songer à mal, et il en revenait la tête pleine de pensées qui n'avaient pas pour objet Mlle Solange de Bernage, sa riche et charmante future.

Ce mariage, à vrai dire, était pour lui un mariage de raison, en ce sens qu'il le sauvait d'une ruine totale, mais il ne s'était pas fiancé à contre-cœur, car sa fiancée lui plaisait fort.

L'aimait-il comme il avait aimé autrefois une jeune fille qu'il avait rêvé d'épouser et dont il n'avait pas perdu le souvenir? Assurément, il ne l'aimait pas de la même façon, car en la voyant pour la première fois, il n'avait pas reçu ce qu'on appelle dans les romans le coup de foudre, mais depuis qu'il était son prétendu accepté, il avait eu le temps d'apprécier toutes ses qualités.

Le hasard avait joué un grand rôle dans cette histoire dont la conclusion approchait.

A la mort de son père, Hervé avait hérité d'une fortune très importante, mais très embarrassée.

Le vieux baron de Scaër n'avait jamais eu qu'une passion, l'agriculture, mais celle-là coûte plus cher que toutes les autres. Il s'était obéré en défrichements, drainages, cultures nouvelles et autres améliorations qui amendent le sol en ruinant le propriétaire.

Hervé n'avait pas les mêmes goûts; il n'aimait de la campagne que les sports qu'on y pratique: la chasse, l'équitation, la pêche; mais il aimait aussi les plaisirs de Paris où il passait neuf mois de l'année, et au lieu d'économiser sur ses revenus pour éteindre les dettes laissées par son père, il n'avait fait qu'en contracter de nouvelles. Tant et si bien qu'à force d'emprunter sur hypothèques, il s'était aperçu un beau matin qu'il ne lui restait plus qu'à vendre ses fermes, ses bois et le vieux castel de ses aïeux, bâti par un Le Gouesnach, au temps de la duchesse Anne, avant l'annexion du duché de Bretagne au royaume de France.

Le sacrifice était dur, mais Hervé s'y était résigné, et avec les épaves qu'il sauverait du naufrage, il avait résolu d'aller bravement tenter de refaire sa fortune en Australie, cette terre promise des fils de famille expropriés.

Encore fallait-il trouver un acquéreur, et au pays de Cornouailles, ils sont rares les capitalistes disposés à immobiliser un million.

Un Parisien s'était présenté, un homme enrichi par d'heureuses spéculations, ambitieux, entiché de noblesse, comme beaucoup de ses pareils, et voulant à tout prix conquérir une situation politique.

Cet acheteur providentiel s'appelait de son vrai nom Laideguive et se faisait appeler M. de Bernage, en attendant qu'il se fît titrer, à beaux deniers comptants.

Il était venu tout exprès dans le Finistère pour visiter les domaines à vendre et il avait amené avec lui sa fille, une adorable enfant qui ne lui ressemblait guère et qui s'était éprise à première vue du jeune seigneur de Scaër, pendant qu'il leur montrait les propriétés dont il était obligé de se défaire.

Un gentilhomme pauvre n'était pas précisément le gendre qu'aurait souhaité M. Laideguive de Bernage ; mais cet archi-millionnaire s'était avisé d'une combinaison qui lui avait paru avantageuse : marier sa fille à Hervé, sous le régime dotal, et lui constituer en dot les biens du susdit Hervé, libérés d'hypothèques, en ajoutant à cet apport respectable une rente de quarante mille francs pour mettre le jeune ménage à même de faire figure à Paris, tous les hivers.

M. de Bernage ferait restaurer à ses frais le château de Trégunc que les nouveaux mariés habiteraient pendant la belle saison.

Il y passerait chaque année quelques mois avec eux et, bénéficiant de l'honorabilité et de la popularité de la famille de Scaër, il finirait certainement par arriver à la députation.

C'était le temps des candidatures officielles, et quoique soutenu par le gouvernement impérial, le beau-père d'Hervé ne serait pas combattu par les légitimistes.

Bien entendu, il s'était abstenu de confier ses projets à son futur gendre ; encore moins à sa fille qui tenait à épouser Hervé, parce qu'elle s'était passionnée pour ce beau et brave garçon, et qui ne songeait guère aux avantages sociaux d'une alliance avec un Le Gouesnach.

Elle n'était cependant pas fâchée de devenir baronne et surtout châtelaine, mais elle aimait vraiment Hervé pour lui-même, et elle attendait avec impatience que le jour de son mariage fût fixé, car elle était jalouse, quoique son promis ne lui donnât pas sujet de l'être, et elle craignait qu'on le lui soufflât.

L'acte de vente des terres n'était pas encore signé. Il devait l'être en même temps que le contrat, trois semaines après Pâques, et les jeunes époux iraient passer leur lune de miel en Italie, avant de s'installer en Bretagne.

Hervé était, presque autant que sa fiancée, impatient d'en finir, car la situation de prétendu est toujours un peu fausse. Il allait se marier sans arrière-pensée d'aucune sorte et il menait déjà une conduite exemplaire, ce qui était assez méritoire de la part d'un ancien viveur. Il poussait la sagesse jusqu'à fuir les tentations et il avait fallu tout un enchaînement de circonstances imprévues pour qu'il en fût arrivé à se préoccuper de la rencontre d'une femme en domino.

C'était le moment d'éclaircir les doutes qui lui étaient venus à l'esprit, et pour savoir à quoi s'en tenir sur cette inconnue, il n'avait qu'à ouvrir la lettre qu'elle lui avait remise avant de s'éclipser et qu'il avait glissée dans une des poches de son pantalon. Il s'empressa de l'en tirer pour la lire à la clarté de deux bougies qu'il venait d'allumer.

Il commença par examiner le cachet de cire rouge qui la fermait et il vit que ce cachet portait des armoiries qu'il ne prit pas le temps de déchiffrer, avant de le faire sauter.

Sous l'enveloppe, il trouva un carton satiné où il y avait écrit: « Si vous vous souvenez encore de la grève de Trévic et si vous désirez revoir celle qu'un soir vous avez prise pour une fée, écrivez, poste restante, aux initiales B. L. et donnez votre adresse. La fée n'ira pas chez vous, mais elle vous répondra en vous indiquant un rendez-vous, et, si vous y venez, elle vous renseignera sur une jeune femme que vous n'avez pas revue depuis dix ans. »

C'était tout, mais c'en était assez pour surexciter encore l'imagination d'Hervé, en lui rappelant le souvenir lointain de son premier amour.

Il n'avait que seize ans lorsqu'il s'était violemment épris d'une fillette un peu plus jeune que lui, une Américaine qui était venue tout à coup habiter avec sa mère une maisonnette voisine du bourg de Pontaven et pas très éloignée du château de Trégunc.

Cette enfant était d'une beauté merveilleuse et d'une distinction rare. Sa mère lui laissait une liberté absolue dont elle profitait pour courir seule les landes, les bois et les rochers de cette côte sauvage.

Elle n'avait pas tardé à rencontrer Hervé de Scaër qui s'était mis promptement à l'aimer et qu'elle avait aussitôt payé de retour, si bien que, par une belle matinée de printemps, au bord de la mer et au pied d'un dolmen, ils s'étaient réciproquement juré de s'épouser, avec ou sans la permission de leurs parents.

A l'âge qu'ils avaient alors, pareil serment n'engage pas l'avenir, mais Dieu sait où les aurait menés cette amourette, si, après six mois de chastes adorations en plein air, un événement étrange ne les avait pas séparés brusquement.

Une nuit, M*me* Nesbitt et sa fille Héva étaient parties, sans prévenir personne, laissant au logis qu'elles occupaient leurs vêtements et leur linge, comme si elles avaient dû rentrer le lendemain, et jamais elles n'étaient revenues; jamais! jamais!

Dans le pays, on avait cru à un crime et la justice s'était émue de cette disparition inexplicable.

Mais vainement avait-on fouillé les bois et dragué les rivières; vainement avait-on signalé à toutes les autorités du département les deux étrangères. Toutes les recherches étaient restées sans effet.

La mère et la fille s'étaient évanouies, comme des fantômes, sans laisser de traces, pas même des lettres ou des papiers qui auraient pu fournir des indications sur leur passé et sur leur origine.

Les disparues n'étaient cependant pas des aventurières.

Elles n'avaient pas de dettes dans le pays. La maison était louée et la location payée pour un an. Les deux Bretonnes qui les servaient avaient reçu six mois d'avance sur leurs gages. Et les provisions étaient achetées comptant.

Ces dames ne recevaient absolument personne. Hervé lui-même n'était jamais entré chez elles, et il ne savait rien de leur existence antérieure, si ce n'est que la mère était veuve d'un commodore de la marine des États-Unis. La fille le lui avait dit et il n'en avait pas demandé davantage.

On croira sans peine qu'il les chercha partout, notamment à Lorient et à Brest où il supposait qu'elles avaient pu s'embarquer pour l'Amérique. Il n'en eut aucunes nouvelles, et il faillit mourir de chagrin.

Son père le crut fou et l'envoya terminer ses études à Paris, dans une école préparatoire. Mais Hervé manqua deux fois l'examen de Saint-Cyr et revint à Trégunc, où il resta jusqu'à la mort du gentilhomme dont il était l'unique héritier.

Hervé n'était pas guéri de sa passion romanesque pour une absente. Il pensa bien longtemps à Héva, quoiqu'il menât à Paris une vie très dissipée. L'image de cette jeune fille, à peine entrevue, ne s'effaçait pas de sa mémoire et il ne désespérait pas de la retrouver.

Sept ans après, il ne l'avait pas encore oubliée, lorsque, pendant un court séjour qu'il fit à son château, il lui arriva une étrange aventure.

Un soir, vers la fin du mois d'octobre, étant allé attendre le passage des bécasses qui en cette saison foisonnent sur la côte, Hervé fit si bonne chasse que la nuit tomba avant qu'il songeât à regagner son manoir de Trégunc : une belle nuit d'automne éclairée par la pleine lune.

En cherchant son chemin à travers les ajoncs, il reconnut que le hasard l'avait conduit tout près de la pointe de Trévic, et l'idée lui vint de revoir le dolmen au pied duquel il avait juré à Héva de l'aimer toujours.

Sept années avaient passé sur ce serment et Hervé de Scaër ne doutait plus que la mort de la jeune fille l'en eût délié, mais il se souvenait d'elle et il chercha la place où il s'était fiancé en plein air.

Il la retrouva sans peine, car le monument druidique s'élevait à l'extrémité d'un promontoire et on l'apercevait de très loin. Sa masse énorme se profilait sur l'horizon comme un monstrueux animal antédiluvien et dominait une grève hérissée de rochers vers laquelle le cap s'abaissait par une pente douce.

Hervé eut tôt fait d'arriver à l'entrée de la voûte de pierres qui s'étendait parallèlement à la mer.

La pâle lumière de la lune n'y pénétrait pas, mais Hervé crut voir poindre dans l'ombre une forme blanche qui semblait reculer à mesure qu'il avançait.

Il entra sous la voûte et la forme blanche disparut; mais quand il sortit par l'autre bout de la galerie, il vit, très distinctement cette fois, une femme enveloppée d'une longue mante blanche et courant sur la plage vers un canot où l'attendaient deux matelots armés de leurs avirons.

Elle y monta; ils ramèrent et le canot disparut derrière un gros écueil.

Hervé aurait pu croire qu'il avait rêvé tout cela, s'il n'eût entendu, bientôt après, le bruit de l'hélice d'un vapeur dont il n'aperçut que la fumée.

Où allait ce navire et qu'était-il venu faire, là

nuit, dans ces parages dangereux où les marins ne se risquent pas volontiers, même en plein jour ? La contrebande, peut-être. Mais la femme en blanc, que cherchait-elle toute seule sous le dolmen ? Assurément, les fraudeurs ne comptaient pas y entreposer leurs ballots de marchandises prohibées. Les fraudeurs n'ont pas coutume d'emmener leurs femmes dans leurs expéditions. Il y avait d'ailleurs, sur la côte, des postes de douaniers qui se seraient opposés au débarquement, si le navire leur avait paru suspect.

Hervé ne croyait pas aux fées, et du reste si, comme l'affirment les Cornouaillais, les fées se promènent au clair de lune sur les bruyères désertes, personne ne les a jamais vues naviguer.

Le dernier des Scaër rentra au château très intrigué et même un peu troublé.

Dès le lendemain, il s'informa auprès des pêcheurs de la côte et il apprit que, pendant deux jours, un yacht avait croisé sous l'archipel des Glenans, et que, la veille au soir, il avait pris le large.

Sur ce renseignement, Hervé s'imagina que la femme qu'il avait surprise sous le dolmen y était venue accomplir une sorte de pèlerinage, en mémoire de Héva Nesbitt, qui lui aurait confié l'histoire de ses fiançailles d'antan avec un jeune gentleman breton.

Il ne supposa point que cette femme fût Héva elle-même, d'abord parce qu'il était convaincu que la pauvre Héva n'était plus de ce monde, et aussi parce que Héva l'aurait reconnu et ne se serait pas sauvée en le voyant apparaître.

La première hypothèse n'était pas beaucoup moins hasardée et, pour l'admettre un seul instant, il fallait avoir l'esprit fortement tourné au merveilleux.

C'était le cas d'Hervé et il y crut si bien qu'il prolongea de trois semaines son séjour à Trégunc et qu'il revint souvent au dolmen de Trévic, dans le chimérique espoir d'y rencontrer encore la touriste américaine.

Il en fut pour ses peines. La dame blanche ne se montra plus ; il lui fallut revenir à Paris sans avoir trouvé le mot de cette énigme. Mais trois ans après, à la veille de se marier, il y pensait encore quelquefois.

Ainsi, pour la lui rappeler, il avait suffi qu'une inconnue masquée lui dit qu'elle l'avait déjà vu, autrefois, en Bretagne, et depuis qu'il avait lu sa lettre, il ne doutait plus d'avoir retrouvé la fée, comme elle s'intitulait elle-même. Mais il ne s'expliquait pas qu'elle eût attendu si longtemps avant de lui donner signe de vie.

Encore moins s'expliquait-il comment elle avait deviné qu'elle le rencontrerait au bal de l'Opéra, la nuit du samedi gras. Et il fallait qu'elle l'eût deviné, puisqu'elle lui avait écrit avant d'y venir.

Tout cela était incompréhensible et Hervé ne cherchait plus à comprendre, mais il évoquait par la pensée la scène de la grève ; il l'évoquait en plein Paris, à cent cinquante lieues de son pays, au bruit lointain des voitures roulant sur les boulevards et en face de la colonne Vendôme qui ne ressemblait pas du tout au dolmen de Trévic.

La lettre qu'il avait sous les yeux le fit souvenir qu'il avait une décision à prendre.

Répondrait-il à ce billet anonyme, ou bien s'abstiendrait-il d'entrer en correspondance avec celle qui le lui adressait ? La question valait qu'il y réfléchît.

La dame ne comptait pas s'en tenir aux préambules épistolaires, puisqu'elle lui annonçait un prochain rendez-vous, sous prétexte de lui donner des nouvelles d'Héva, et rien ne prouvait que ce prétexte ne cachait pas l'arrière-pensée de séduire le jeune et beau seigneur de Scaër.

Une femme qui va seule au bal de l'Opéra est toujours sujette à caution et Hervé craignait d'avoir affaire à une intrigante.

Il aurait mal pris son temps pour s'embarquer dans une liaison dangereuse, maintenant que son mariage était décidé, et il ne se souciait pas de déranger sa vie.

D'un autre coté, il lui semblait dur de manquer

l'occasion inespérée d'éclaircir un mystère qui lui tenait fort au cœur.

Quelles que fussent au fond les intentions de l'énigmatique personne que Pibrac avait irrespectueusement surnommée : *Double-Blanc*, elle ne pouvait pas avoir inventé l'histoire de la rencontre nocturne, sur une côte sauvage, et Hervé, en l'interrogeant, apprendrait à coup sûr beaucoup de choses qu'il voulait savoir.

Il n'aurait qu'à s'en tenir à une première entrevue, s'il s'apercevait que cette blonde cherchait à nouer avec lui des relations de galanterie, et pour se réserver la possibilité d'y couper court dès le début, il fallait que cette entrevue se passât sur un terrain neutre.

Madame — ou Mademoiselle — ne donnait pas son adresse. Rien n'obligeait Hervé à donner la sienne, en écrivant poste restante, comme elle l'y invitait. Elle aussi avait sans doute des précautions à prendre, puisqu'elle n'avait voulu dire ni où elle demeurait, ni comment elle s'appelait. Un rendez-vous aux Tuileries ou au parc Monceau ne compromettrait personne.

Après, on verrait.

Ce fut le parti auquel s'arrêta le futur mari de Mlle de Bernage. La prudence n'était pas sa qualité dominante, mais il ne manquait pas de jugement et il sentait bien que, dans le cas présent, la sagesse est obligatoire.

Il crut avoir trouvé le moyen de tout concilier et il se promit d'envoyer, le lendemain matin, la réponse demandée.

La nuit porte conseil et il la rédigerait mieux quand il aurait dormi.

Rien ne fatigue comme une longue station au bal de l'Opéra, et il éprouvait le besoin de se reposer.

Il se mit donc en devoir de se dévêtir, avant de procéder à sa toilette de nuit, et il commença naturellement par ôter son pardessus qu'il n'avait pas pris le temps d'enlever en arrivant, puis son habit noir qu'il avait endossé à sept heures du soir pour aller dîner à son cercle.

On a beau être accoutumé à porter le harnais mondain, il arrive un moment où on n'est pas fâché de s'en débarrasser.

Hervé jeta le sien sur un fauteuil. Il n'était pas de ceux qui ne se déshabillent jamais sans plier avec soin les vêtements qu'ils quittent et, de plus, il avait, cette nuit-là, d'autres soucis en tête. Mais il fut bien étonné de voir tomber de la poche de poitrine de cet habit un carnet en cuir de Russie.

Hervé n'en avait jamais possédé un pareil.

Il serrait ses billets de banque dans un portefeuille qu'il laissait le plus souvent au fond d'un des tiroirs de son secrétaire — surtout depuis qu'il avait renoncé au jeu — et il était sûr de n'avoir pris sur lui, la veille, qu'une vingtaine de louis dans le gousset de son gilet.

Ils y étaient encore, presque au complet, car il n'en avait dépensé que deux ou trois, y compris celui dont il avait fait cadeau à son compatriote Alain.

On ne l'avait pas volé au bal, mais d'où lui était venu ce carnet qui se trouvait dans sa poche?

Il n'y était pas tombé du ciel.

Qui l'y avait mis?

Et comment avait-on pu l'y mettre, sans qu'il s'en aperçût?

Les filous à Paris sont d'une dextérité sans égale, mais ils emploient leur adresse à vider les poches et non pas à les emplir.

Hervé s'épuisait à chercher l'explication de ce phénomène.

Il alla jusqu'à se demander si ce n'était pas le domino blanc qui avait exécuté ce tour de passe-passe. Dans quel but? Il ne s'en doutait pas et il allait se décider à en finir avec les suppositions en ouvrant tout bonnement le carnet, lorsque le souvenir de la bousculade du corridor des troisièmes loges lui revint tout à coup à l'esprit.

Ce fut un trait de lumière.

Hervé se rappela que le voleur poursuivi s'était jeté sur lui en le prenant à bras le corps, et que l'étreinte avait duré quelques secondes.

Il comprenait maintenant que cet homme avait

profité de ce contact prémédité pour se défaire de l'objet qu'il venait d'escamoter dans la poche d'un monsieur.

Le drôle, s'attendant à être pris, s'était débarrassé du corps du délit. Si on l'eût arrêté, il aurait nié et ceux qui l'auraient fouillé n'auraient rien trouvé sur lui.

Le truc est connu, mais il peut réussir, surtout quand celui qui l'emploie n'a pas d'antécédents judiciaires.

Et c'était peut-être le cas.

— Parbleu! dit entre ses dents Hervé, voilà un habile coquin et encore plus hardi qu'habile, puisqu'il a eu l'audace de me guetter à la sortie du bal et de me suivre jusqu'à ma porte. Il avait résolu de me reprendre le butin dont il m'avait chargé, sans ma permission, et je commence à croire que si ce brave Alain n'était pas survenu j'aurais passé un mauvais quart d'heure.

Mais tout est bien qui finit bien, et il ne me reste plus qu'à aller conter ma mésaventure au commissaire de police en lui remettant ce carnet en cuir de Russie... à moins que je n'y trouve l'adresse du propriétaire... Mais quel singulier portefeuille!... il n'est pas de taille à contenir beaucoup de billets de mille et, avec ses fermoirs d'argent, il a plutôt l'air d'un carnet de boursier... ou d'un simple agenda... je m'étonne qu'il ait tenté un voleur *à la tire*... Il est vrai queces messieurs-là pêchent au hasard et prennent ce qu'ils trouvent... et puis, c'est peut-être un livret de chèques...

Nous allons bien voir, conclut Hervé en décrochant les agrafes qui bouclaient cette espèce d'étui, relié comme un bouquin précieux. »

C'était bien un carnet, formé par une série de feuilles collées les unes aux autres et dorées sur tranche, entre deux pochettes de cuir.

Cela ne ressemblait pas du tout à un livret de chèques et Hervé se dit : Le voleur aurait été volé. Il croyait avoir mis la main sur une somme et il n'aurait trouvé que du papier blanc. J'imagine que le monsieur qu'il a dévalisé ne pleurera pas la perte de cet agenda... et me voilà dispensé de faire une visite au commissaire de police. L'objet ne vaut pas que je prenne la peine de me déranger... à moins que je n'y trouve l'adresse de son propriétaire... auquel cas, je le lui renverrai par la poste.

Et il se mit à feuilleter les pages.

Sur quelques-unes étaient inscrits des chiffres alignés comme des lettres et séparés par des points ou par des signes, absolument comme dans les annonces qu'insèrent certains journaux et qui ne peuvent être comprises que par la personne qui possède la clef de cette cryptographie.

— A coup sûr, pensa Hervé, ce n'est pas un homme d'affaires qui a pris ces notes. Ces gens-là ne perdent pas leur temps à combiner des écritures incompréhensibles. Mais je commence à croire que je ne découvrirai pas ce que je cherche.

En continuant à tourner les pages, Hervé en trouva deux où on avait tracé des lignes qui avaient l'air de former des plans topographiques.

Ces lignes s'entre-croisaient à angle droit comme les rues qu'elles figuraient sans doute, et elles étaient accompagnées de légendes écrites en caractères intelligibles, mais très incomplètes.

Ainsi, sur l'un des plans, on lisait ces mots tronqués : *Zach.* — *Huch*, et sur l'autre : *Bagn. Pl.-Eg.*

Sur un troisième et un quatrième feuillet, il y avait deux dessins au trait représentant, l'un l'intérieur d'une chambre, l'autre un jardin planté d'arbres.

Une petite croix était marquée à la plume sur chacun des croquis, et certainement ces croix n'avaient pas été mises là pour rien. Hervé supposa qu'elles indiquaient des places où on avait caché quelque chose ; mais quoi?... et où étaient situés cette chambre et ce jardin? Impossible de le deviner, et comme d'ailleurs il ne songeait pas à se mettre en quête de ces cachettes hypothétiques, il allait refermer ce carnet plein de problèmes qui ne l'intéressaient pas, lorsqu'il avisa, dans une des poches de cuir, un bout de papier qu'il n'avait pas aperçu tout d'abord et qu'il eut quelque peine à en extraire.

Ce papier était une lettre pliée en quatre et écrite en très bon français, d'une écriture très fine et très nette.

Le secret devait y être et Hervé ne se fit aucun scrupule d'en prendre connaissance.

Il lut ceci :

« Mon cher *associé* — le mot associé était souligné — vous m'avez cru mort depuis dix ans, mais les morts ressuscitent quand on ne les a pas bien tués. Je viens d'arriver à Paris, tout juste à temps pour vous rappeler que vous n'avez pas tenu tout ce que vous m'aviez promis. Dans huit mois, je n'aurai plus barre sur vous ; c'est pourquoi je suis pressé d'en finir. Il me faut trois cent mille francs en échange de la preuve que vous savez et que j'ai précieusement conservée. Trois cent mille francs pour vous, c'est une bagatelle, et dès que je les tiendrai, je quitterai de nouveau la France pour n'y jamais revenir. Je ne veux plus me présenter chez vous, pour des motifs que vous devinez. Je vous invite donc à m'indiquer un endroit où nous nous aboucherons — non pas un endroit désert, où chacun de nous pourrait craindre que l'autre ne lui fît un mauvais parti, mais un lieu public, un théâtre, par exemple, où nous pourrions causer tranquillement dans une loge, ou dans un coin.

Vous aurez soin d'apporter la somme en une traite à mon ordre sur une bonne maison de New-York ou de Boston, à votre choix. En billets de banque, elle tiendrait trop de place dans votre poche et dans la mienne. Moi, j'apporterai la preuve qui n'en tient pas plus qu'une traite. Donnant, donnant. Quand ce sera fait, nous nous quitterons bons amis comme autrefois et vous n'entendrez plus parler de moi.

« J'attends votre réponse d'ici à quarante-huit heures, à l'hôtel où je logeais autrefois et à mon ancien nom que vous n'avez certainement pas oublié, pas plus que je n'ai oublié la date du 24 octobre 1860)... Dix ans bientôt !... comme le temps passe !

« A bon entendeur salut ! Rapportez-moi cette lettre.

« Sans rancune » ! avait ajouté, en guise de signature, le rédacteur de ce billet doux. Et c'était tout.

Hervé entrevoyait déjà la vérité. Évidemment, il s'agissait d'une tentative de chantage. L'auteur de la lettre était un coquin et le monsieur qu'il menaçait ne valait pas mieux que lui. Quelle mauvaise action avait-il commise ? Il était difficile de le deviner, mais il fallait qu'elle l'eût largement enrichi, puisque l'autre tarifait à trois cent mille francs le prix de son silence.

Et il était naturel de supposer que le propriétaire du carnet ne s'aviserait pas de réclamer une pièce si compromettante. Il avait été très imprudent de ne pas la détruire, et il aurait mérité qu'elle tombât entre les mains d'un troisième larron qui en aurait abusé pour l'exploiter. Son nom ne figurait ni dans la lettre, ni sur l'agenda, mais les maîtres chanteurs sont bien fins et en ce temps-là, déjà, ils foisonnaient à Paris.

Hervé de Scaër, tout gentilhomme qu'il était, aurait fait œuvre d'honnête homme en avertissant la police, mais il n'y songeait guère. Il ne pensait qu'à expliquer cette aventure bizarre. Il supposait que le monsieur volé avait choisi le bal de l'Opéra pour y rencontrer l'homme qui lui avait demandé un rendez-vous. Un filou était survenu, l'avait dévalisé sans le connaître et s'était débarrassé de l'agenda avec d'autant moins de regrets qu'à la dimension et au poids de cet agenda, il avait jugé qu'il n'y trouverait ni or, ni billets de banque.

Il est vrai que, plus tard, il avait essayé de le reprendre de force en cherchant à attaquer Hervé sur la place Vendôme.

Et Hervé se demanda tout à coup si ce voleur n'était pas justement l'auteur de la lettre qui, rencontrant l'autre au bal de l'Opéra, où il était venu, lui, affublé d'une fausse barbe, avait trouvé joli de fouiller dans la poche de ce monsieur où il comptait pêcher la traite de trois cent mille francs, ce qui l'aurait dispensé de rendre en échange la pièce qui mettait le capitaliste à sa merci. Mais le volé avait crié : Au voleur ! et le voleur, serré de près, avait pris ses précautions pour que, si on l'arrêtait, on ne saisît sur lui aucune preuve du vol.

Et il s'ensuivait que, maintenant, Hervé possédait en partie un secret qui assurément l'intéressait moins que le sort mystérieux d'Héva Nesbitt, mais qui ne laissait pas de le préoccuper.

L'inconnu a toujours de l'attrait pour un jeune homme qui a l'imagination vive, et ce Breton se promettait bien de découvrir ce que signifiaient les hiéroglyphes de l'agenda : chiffres, plans et dessins. Il en était déjà à se figurer qu'ils indiquaient des places où on avait enfoui des trésors très probablement mal acquis, car tout cela sentait le crime et la lettre donnait un corps à ce soupçon.

Cette date du 24 octobre 1860, rappelée comme une menace, devait être celle d'un meurtre ou tout au moins d'un vol. Et l'allusion aux dix ans qui allaient expirer avant la fin de 1870 était assez claire. Aux termes du Code, l'action criminelle se prescrit par dix ans. L'heure de la prescription approchait et le *chanteur* n'avait plus que huit mois pour exploiter le coupable qui n'aurait plus rien à redouter quand le temps fixé par la loi serait écoulé.

Le premier mouvement est toujours le bon et c'est pour cela qu'il n'y faut pas céder, disait Talleyrand. Hervé finit par suivre le conseil de ce diplomate célèbre. Il se dit d'abord qu'il devrait laisser à la justice le soin d'éclaircir cette affaire, qui avait changé de face. Il ne s'agissait plus d'un vulgaire vol à la tire, et maintenant Hervé pouvait bien prendre la peine de déposer au parquet ou à la préfecture de police le carnet suspect et la lettre accusatrice.

Mais il ne tarda guère à envisager les désagréments que lui attirerait cette démarche. Il arriverait de deux choses l'une : ou on ne prendrait pas au sérieux les suppositions qu'il échafaudait, et dans ce cas il se serait donné une peine inutile ; ou, au contraire, on ouvrirait une instruction, et alors on commencerait par lui demander des explications. Il serait obligé de parler d'Alain Kernoul et de dire pourquoi il l'avait mené à la buvette. On le confronterait avec le gars aux biques. On s'informerait de ses antécédents; on surveillerait sa conduite présente. Les magistrats ne se gênent pas pour appeler un témoin. Et une fois pris dans l'engrenage judiciaire, Hervé n'aurait plus de loisirs. Déplaisante perspective pour un fiancé, et plus déplaisante encore pour un homme hanté par le souvenir d'une ancienne passion.

Tandis que s'il gardait pour lui seul l'espèce

de secret que le hasard lui avait livré, il resterait le maître d'en user comme il voudrait, sans déranger son existence.

Toutes réflexions faites, il prit le parti de ne parler de sa trouvaille à personne, pas même à Alain qui n'aurait pu lui être d'aucune utilité, car le gars n'était pas assez Parisien pour l'aider à découvrir les rues auxquelles se rapportaient les indications inscrites sur le carnet, et il ne savait probablement pas ce que c'était que le *chantage*.

Une fois résolu à se taire et à faire son enquête tout seul, Hervé se sentit soulagé. Il avait en horreur l'indécision et pour qu'il eût délibéré si longtemps, il fallait que le cas fût particulièrement épineux. Maintenant que son dessein était arrêté dans sa tête, il n'avait plus qu'à l'exécuter et il n'était pas homme à en changer. La persévérance est une vertu bretonne.

Il ne lui restait plus qu'à prendre un repos bien gagné, car il était à l'âge où le sommeil ne perd jamais ses droits et il avait bonne envie de dormir.

Il serra précieusement dans son secrétaire l'agenda mystérieux et l'épitre du domino blanc, — ses armes pour entrer en campagne. Puis, cela fait, il acheva de se déshabiller, non sans inspecter les poches de ses autres vêtements, à seule fin de s'assurer qu'on n'y avait rien fourré à son insu.

Il en était venu à se prendre pour une boîte aux lettres et il y avait bien de quoi, après ce qui lui était arrivé au bal de l'Opéra.

Mais il ne trouva que les louis qu'il avait emportés et il se mit au lit en songeant à l'emploi de sa journée du lendemain : une réponse à écrire et à adresser, poste restante, aux initiales indiquées par la blonde inconnue, et une visite à faire boulevard Malesherbes, à M. de Bernage et à sa fille. Il y allait régulièrement prendre le thé à cinq heures et assez souvent on le retenait à dîner. Le matin, il déjeunait au restaurant, presque toujours avec Ernest Pibrac, après quoi il s'établissait au cercle, à moins que le temps ne permît la promenade au bois de Boulogne.

C'était, dans toute la force du terme, la vie désœuvrée, et cette vie-là laisse beaucoup de place à l'imprévu.

Le dernier des Scaër n'en avait pas fini avec les incidents inattendus.

Il s'endormit pourtant comme si rien n'eût menacé sa tranquillité et il ne fit pas de mauvais rêves.

Il revit en songe la fée du dolmen et même Héva Nesbitt, mais il revit aussi Solange de Bernage, radieuse de beauté, qui souriait en lui montrant du doigt le vieux manoir de Trégunc, et les fantômes du passé s'évanouirent.

II

On peut, sans être très vieux, se rappeler les promenades du bœuf gras.

Celle du carnaval de 1870 fut la dernière et, favorisée par un temps superbe, elle charma les Parisiens, les mêmes qui, quatre mois plus tard, criaient : à Berlin! et qui, au commencement de l'année suivante, mangeaient du cheval sous le feu des canons prussiens.

L'après-midi du Dimanche gras, vers quatre heures, la foule inondait les boulevards.

On attendait le cortège.

Il y avait des curieux à toutes les fenêtres et des sonneurs de trompe à toutes les encoignures occupées par des cabarets. Aux fanfares des cuivres répondaient les mugissements des cornets à bouquin. C'était à se boucher les oreilles et les gens paisibles avaient beaucoup de peine à se tirer de cette cohue.

Vu d'en haut, le tableau était amusant.

Hervé, qui était venu très tard déjeuner chez

Tortoni, dans le salon du premier étage, s'était accoudé, pour fumer son cigare, à une fenêtre où se pressaient d'autres habitués du célèbre café qui fait l'angle de la rue Taitbout.

Pibrac y avait déjeuné aussi, quoi qu'il se fût abominablement grisé au Grand-Quinze, mais il ne paraissait pas encore très bien remis des excès de ce souper auquel son ami Scaër avait refusé de prendre part, et il parlait fort peu, contre son habitude.

Avant de sortir, Hervé avait écrit à son inconnue, mais il s'était dispensé de lui donner son adresse, parce qu'il ne se fiait qu'à demi à la promesse de ne pas venir le relancer à l'hôtel du Rhin. Il lui avait seulement annoncé qu'il passerait, lui, tous les jours, à quatre heures, au marché aux fleurs de la Madeleine et qu'il ne tiendrait qu'à elle de l'y rencontrer.

La lettre était partie et, pour peu que la dame se hâtât d'aller la réclamer à la poste, elle pourrait, dès le lendemain, se trouver au rendez-vous quotidien qu'il lui assignait.

Quant au fameux carnet, Hervé n'avait pas pu se décider à s'en séparer. Il le portait sur lui, dans une poche de sûreté, bien cachée et bien fermée.

Le sommeil avait modifié ses idées. Il tenait moins à éclaircir un mystère qui, en somme, ne l'intéressait pas personnellement. Il tenait toujours à revoir la femme au domino blanc qui devait lui donner des nouvelles d'Héva Nesbitt. Mais il n'avait pas oublié sa fiancée et il lui tardait qu'il fût l'heure de se présenter chez elle.

Il pensait même à lui dire qu'il était allé au bal de l'Opéra. M. de Bernage pouvait l'y avoir aperçu, et mieux valait confesser cette innocente fredaine que d'attendre que le père en parlât à sa fille. Ce père ne devait pas être disposé à se vanter de s'être affublé d'un faux nez; mais tout arrive, et Hervé n'avait peut-être pas tort de vouloir prendre les devants.

Le cortège était en vue. De ce pas majestueux et lent qui convient à un triomphateur, le bœuf descendait la pente du boulevard Montmartre.

Il s'avançait, précédé d'un escadron de mousquetaires Louis XIII, montés sur des chevaux de troupe, et suivi par un char monumental qui portait tous les dieux de l'Olympe, y compris le Temps, armé de la faux classique.

Un si beau spectacle avait mis sur pied un bon tiers de la population de la ville-lumière et, à l'approche de la calvacade, les badauds qui encombraient la chaussée refluaient sur les trottoirs.

Hervé attendait que le torrent se fût écoulé pour s'acheminer vers l'hôtel de Bernage et il allait se retirer de la fenêtre, lorsque Pibrac lui dit en lui poussant le coude :

— Regarde donc, là… au-dessous de nous, ton futur beau-père qui essaie de grimper sur le perron de l'établissement ; il nous a vus et il voudrait nous rejoindre… Il aura de la peine à arriver jusqu'ici, à travers cette foule, mais il est capable d'y réussir… et je ne te cacherai pas que ce financier m'ennuie. Tu es obligé de le supporter, mais moi, qui n'épouserai pas sa fille, je vais me réfugier dans le salon du fond. J'y ai aperçu des amis qui ne demandent qu'à me régaler d'un punch au kirsch et j'ai soif.

Il le fit comme il le disait et Scaër ne chercha point à le retenir, car il redoutait les intempérances de langage de ce viveur qui, du reste, n'était pas dans les bonnes grâces de M. de Bernage. Scaër descendit au rez-de-chaussée pour épargner au père de sa promise la peine de monter et il le rencontra au bas de l'escalier.

Ce millionnaire — qui ne l'avait pas toujours été — payait de mine et personne ne l'aurait pris pour un parvenu. Grand, large d'épaules et possédant ce qu'on appelle une belle prestance, il pouvait aussi *prétendre en belle tête,* comme on disait jadis. Sa physionomie, sans être absolument sympathique, n'était pas déplaisante. Il avait l'air et les façons d'un gentleman d'outre-Manche, quoiqu'il ressemblât beaucoup moins à un Anglais qu'à un Arabe, avec son teint basané, ses dents blanches et ses grands yeux noirs pleins de feu.

Il venait d'atteindre la cinquantaine et ses cheveux commençaient à peine à s'argenter.

Un beau-père doué d'un extérieur si avantageux ne pouvait que faire honneur à Hervé qui, jusqu'alors, n'avait eu qu'à se louer de lui, car cet homme, enrichi par les affaires, n'avait ni marchandé, ni finassé pour traiter celle du mariage de sa fille.

Dès les premiers pourparlers, il s'était montré plus franc et plus désintéressé que bien des pères de noble race. Il lui suffisait, disait-il, que M. de Scaër plût à Solange et la rendît heureuse. Il avait fixé lui-même le chiffre de la dot, sans hésiter et sans autre condition que celle de passer chaque année quelques mois en Bretagne chez ses enfants.

Ce n'était vraiment pas trop exiger, et Hervé ne répugnait pas du tout à habiter pendant l'été avec un homme sérieux qui était resté gai et indulgent.

La fortune de Bernage, contrôlée par le notaire du futur, était solidement assise, en immeubles et en capitaux bien placés, et si elle était de date récente, il ne paraissait pas qu'elle eût été mal acquise. Elle avait un point de départ assez modeste et elle s'était rapidement accrue par d'heureuses spéculations commerciales et industrielles.

Celui qui l'avait faite en était à ce moment psychologique où l'homme qui a su s'enrichir sans se déconsidérer essaie de prendre pied dans le monde aristocratique, et le mariage de sa fille avec l'héritier d'un des plus anciens noms de la vieille Armorique allait aider M. Laideguive, dit de Bernage, à s'y introduire.

D'un autre côté, cette mésalliance apportait au dernier des Scaër la seule chose qui lui manquât : l'argent.

Tout était donc pour le mieux, à une époque où, plus que jamais, les nobles cherchent à redorer leur blason et les roturiers à s'anoblir.

— Et puis, pas de belle-mère ! s'était écrié Pibrac, en apprenant que son ami Hervé allait épouser Mlle Solange.

Bernage était veuf depuis de longues années.

Il vivait comme vivent bien des Parisiens qui ont perdu leur femme étant jeunes, c'est-à-dire qu'il ne se privait pas de s'offrir des consolations, mais il avait toujours sauvegardé les apparences. On ne lui connaissait pas de liaison et s'il en avait de passagères, il ne les affichait pas.

Bernage était donc le modèle des beaux-pères et Hervé, qui l'appréciait à toute sa valeur, l'accueillit avec empressement.

— Je ne vous dérange pas, j'espère, dit l'aimable capitaliste, après avoir cordialement serré la main de son futur gendre. Je m'étais fourvoyé sur les boulevards, sans songer que le bœuf allait y passer, et à l'approche du cortège je me suis réfugié ici pour éviter d'être écrasé... mais vous étiez là-haut avec un ami et je ne veux pas que vous le plantiez là pour m'être agréable.

Hervé protesta qu'il ne tenait pas du tout à la compagnie d'Ernest Pibrac et saisit cette occasion de déclarer qu'il avait cessé de le fréquenter habituellement.

— C'était un assez bon camarade au temps où je menais la même existence que lui, mais nous avons bifurqué, dit-il gaiement. Je n'ai pas rompu, mais je ne le recherche plus. Il a le diable au corps et il finirait par me compromettre. Ainsi, tenez !... hier, vers minuit, j'allais tranquillement me coucher, quand j'ai eu la mauvaise chance de le rencontrer. Il s'est accroché à moi et il a tant fait qu'il m'a entraîné au bal de l'Opéra. Je m'en accuse devant vous, cher Monsieur... c'est un commencement d'expiation.

— Vous n'avez rien à expier, mon cher baron, dit en souriant le plus accommodant des beaux-pères. Aller au bal de l'Opéra n'est pas un crime. J'y vais bien encore quelquefois, moi qui n'ai plus votre âge. Si la fantaisie m'était venue d'y entrer cette nuit, je ne m'en serais pas caché, et si je vous y avais vu, je ne vous aurais pas reproché d'y être.

— Donc, il n'y était pas, pensa Hervé. Pibrac a rêvé cette histoire du faux nez... à moins qu'il ne l'ait inventée pour se moquer de moi.

Et il répliqua vivement :

— Je ne me serais pas caché non plus, je vous prie de le croire... et je ne suis pas resté à ce bal... je m'y ennuyais à périr. Pibrac et sa bande ont soupé sans moi.

— Bravo !... ma fille sera charmée d'apprendre que vous êtes à l'épreuve des tentations.

— Me conseillez-vous donc de lui raconter ?...

— Pourquoi pas ?... Solange, Dieu merci ! n'est ni une prude, ni une sotte, et elle vous saura gré de votre franchise. Elle est d'ailleurs convaincue que vous l'aimez trop pour vous galvauder comme ce M. Pibrac qui n'est pas de votre monde.

— Elle ne se trompe pas, je vous le jure, et...

— Vous lui direz cela tout à l'heure, si vous voulez m'accompagner jusqu'à la maison. Je rentrais quand je vous ai aperçu à la fenêtre, et maintenant que le cortège a défilé, nous ne risquerons plus d'être étouffés, en nous dirigeant vers le boulevard Malesherbes. Le thé doit être servi. Ma fille aura peut-être quelques amies, mais vous trouverez bien le moyen de lui faire votre cour, quand même.

Hervé ne demandait qu'à revoir Mlle de Bernage, quand ce n'eût été que pour chasser le souvenir de ses aventures nocturnes qui lui revenaient à l'esprit plus souvent qu'il n'aurait souhaité. Et il se promettait, tout en *flirtant* avec sa fiancée, d'insister pour que la date de leur mariage fût fixée à une époque plus rapprochée.

Il se défiait encore, par moments, de la solidité de ses résolutions, et il lui tardait de brûler, comme on dit, ses vaisseaux, afin de se mettre dans l'impossibilité de reculer.

La nuit vient de bonne heure au mois de février, et quand le futur beau-père et le futur gendre, qui étaient sortis ensemble du café, arrivèrent à la Madeleine, on allumait déjà les becs de gaz.

Ils n'avaient pas pu échanger beaucoup de paroles au milieu de la foule bruyante qui suivait le même chemin qu'eux, mais elle s'était éclaircie et Scaër, finit par remarquer le manège d'un monsieur qui leur emboîtait le pas depuis la rue Caumartin.

Ce monsieur les avait déjà dépassés plusieurs fois; puis, dès qu'il avait pris dix pas d'avance, il ralentissait son allure, se laissait dépasser à son tour et se remettait à marcher derrière eux.

Ainsi manœuvrent les lovelaces du pavé qui, avant d'aborder une femme rencontrée dans la rue, tiennent à l'examiner sous tous ses aspects.

Ce n'était pas le cas, et le suiveur pouvait bien être un espion, quoiqu'il n'en eût pas l'air.

Peut-être aussi ne s'occupait-il pas de les surveiller, car ils n'étaient pas seuls sur le large trottoir.

Hervé ne se rappelait pas l'avoir jamais vu et il jugea inutile de le signaler à l'attention de M. de Bernage.

Du reste, l'homme ne tarda point à hâter le pas et à se perdre dans la foule des passants qui le précédaient. Hervé crut s'être trompé et n'y pensa plus.

Ces messieurs passèrent devant la façade de la Madeleine, en causant, à bâtons rompus, comme on peut causer sur une voie publique, encombrée de promeneurs. Ce n'était pas le moment ni le lieu d'engager une conversation intéressante et il n'y étaient pas disposés.

Décidé à suivre le conseil de son futur beau-père, Hervé se préparait à raconter gaiement à sa fiancée comme quoi il s'était montré au bal dans une loge pleine de belles de nuit qui n'avaient pas réussi à le séduire et de mauvais sujets avec lesquels il n'avait pas voulu souper.

M. de Bernage, lui, pensait sans doute à ses affaires. Il en avait beaucoup et quoiqu'il en prît à son aise, il ne les oubliait jamais complètement.

Ils cheminaient donc en silence et ils allaient traverser la chaussée pour remonter le côté gauche du boulevard Malesherbes, lorsque le financier s'arrêta.

— Mon cher, dit-il en se frappant le front, ma mémoire s'en va... c'est signe que je vieillis... j'oubliais que j'ai promis de passer à cinq heures chez un monsieur qui doit me donner une réponse au sujet d'une négociation très importante dont je l'ai chargé. Le dimanche gras !... c'est ridicule, mais c'est ainsi. Voilà ce que c'est que d'avoir de gros capitaux engagés ! On n'a pas un jour de répit; et si je remettais l'entrevue à demain, il pourrait m'en coûter cher. Souffrez donc, mon ami, que je vous quitte. Allez sans moi demander une tasse de thé à ma fille et dites-lui que je ne tarderai pas à vous rejoindre. Mon homme demeure rue Tronchet, c'est tout près d'ici, et avec lui je n'en ai pas pour plus de dix minutes.

Ayant dit, M. de Bernage tourna les talons et se lança sur la longue esplanade plantée d'arbres qui borde la colonnade latérale de l'église.

Hervé ne fut ni trop surpris ni trop fâché de ce brusque départ.

Il savait que son futur beau-père était avant tout l'homme du devoir, esclave de tous ses engagements et incapable de manquer à un rendez-vous d'affaires.

Et d'ailleurs, Hervé aimait autant arriver seul chez sa future.

M. de Bernage lui laissait pleine liberté dans le salon de sa fille, mais les pères gênent toujours un peu les amoureux, et il suffit qu'ils soient là pour que la causerie prenne un tour plus cérémonieux.

Et précisément, Hervé avait à dire beaucoup de choses qu'on ne dit bien qu'en tête à tête.

Ainsi, il préméditait de lui parler longuement de leur prochaine installation à Trégunc et de l'existence qu'ils y mèneraient. Elle lui avait juré plus d'une fois qu'elle adorait la campagne et particulièrement le pays de Cornouailles, mais il se défiait un peu du goût qu'elle affichait pour la contrée sauvage où il était né et qu'il comptait habiter six mois de l'année.

Il voulait la prier en même temps de fixer une date à leur mariage.

Elle ne pouvait pas lui savoir mauvais gré de se montrer impatient, et ce serait une excellente occasion d'exprimer, plus chaleureusement qu'il ne l'avait fait jusqu'alors, ses sentiments amoureux.

Il traversa le boulevard et en prenant pied sur le trottoir opposé, il se retourna instinctivement pour suivre un instant des yeux M. de Bernage qui était encore en vue et très reconnaissable de loin, à cause de sa haute taille.

Ce financier aurait fait un magnifique tambour-major.

Il était parti au pas accéléré, mais il s'était mis bientôt au pas ordinaire et il ne tarda pas à être accosté sur la promenade par un monsieur qui venait en sens inverse.

— Son homme de la rue Tronchet, sans doute, se dit Hervé. Maintenant qu'ils se sont rencontrés, ils vont conférer en plein air, et la conférence ne durera pas longtemps. Pour arriver le premier, je ferai bien de me dépêcher.

Et il se hâta vers l'hôtel de Bernage qui s'élevait en façade sur le boulevard Malesherbes, un peu plus haut que la rue de la Bienfaisance.

Il était superbe cet hôtel, acheté d'un richissime étranger, et il valait plus d'argent que toutes les terres et tous les châteaux du dernier des Scaër.

Le père de Solange ne l'avait pourtant pas payé trop cher.

Ruiné par la guerre de sécession, l'Américain du Sud qui l'avait fait construire à grands frais s'était trouvé dans la nécessité de le vendre à bref délai, et M. de Bernage avait profité de l'occasion.

Tout réussissait à ce spéculateur bien avisé et tout annonçait que sa fortune n'en resterait pas là.

Hervé, qui avait défait la sienne, se figurait volontiers que le bonheur est contagieux et que son beau-père lui apporterait la veine.

Du reste, en attendant qu'elle lui vînt, il n'avait pas à se plaindre, puisque, menacé du naufrage, il allait entrer au port, et l'avenir s'ouvrait devant lui assez brillant pour lui faire oublier ses désastres et même ses fautes.

Il ne se souvenait déjà plus que d'une romanesque aventure de sa jeunesse, et assurément il ne s'en souviendrait pas toujours, car il avait fallu pour la lui rappeler le hasard d'une rencontre et il était très possible que cette rencontre n'eût pas de suites.

Cinq heures sonnaient à l'église Saint-Augustin, lorsque le gentilhomme breton arriva devant la grille monumentale de l'hôtel de Bernage. Elle était ouverte, en prévision de visites attendues, et un valet de pied en livrée se tenait sur le perron.

Hervé le connaissait bien cet hôtel où depuis quelques mois il venait à peu près tous les jours, et cependant, chaque fois qu'il y entrait, il l'admirait comme s'il ne l'avait jamais vu.

C'était un véritable palais et un palais mieux distribué que bien des résidences souveraines et plus artistiquement meublé.

Rien n'y choquait l'œil, quoique tout y fût d'une richesse inouïe.

Pas d'ornements criards, pas de luxe banal. Et un cachet d'originalité jusque dans les plus petits détails.

Le vestibule avait grand air avec son pavé de marbre blanc, traversé par une large bande de tapis de Perse qui recouvrait entièrement les marches de l'escalier éclairé par de grandes torchères en onyx et lambrissé d'immenses glaces.

En suivant dans ce royal escalier le valet de pied qui le conduisait, Hervé pensait aux vieilles dalles de granit qu'il fallait franchir pour monter au premier étage de son manoir de Trégunc, et il savait gré à Mlle de Bernage de ne pas répugner à habiter, après la noce, ce logis breton, aussi incommode que vénérable.

La salle à manger qu'il entrevit en passant ne ressemblait guère à l'immense réfectoire seigneurial où le vieux baron de Scaër ne lui permettait de se mettre à table qu'après avoir entendu, debout, le bénédicité récité par son chapelain.

Elle n'avait que deux fenêtres, cette salle à manger originale, mais deux fenêtres profondes, tout enfeuillées de verdure et de fleurs. Le plafond était à poutrelles de hêtre relevées par des nervures dorées. Les murs étaient tendus de cuir de Cordoue avec des arabesques de couleur. Sur les crédences en style de la Renaissance se dressaient des figures de sirènes, et les chaises en bois sculpté avaient des dossiers surmontés de têtes de femmes dans le goût Henri II.

Et quand Hervé traversa le grand salon, où

des panneaux en glaces alternaient avec des tentures de lampas blanc, où des statues de marbre posées sur des socles d'ébène coudoyaient des tableaux de maîtres placés sur des chevalets dorés, où de vastes fauteuils-duchesse entouraient majestueusement la cheminée, Hervé revit par la pensée les sévères boiseries de chêne, les meubles vermoulus et les portraits d'ancêtres de la grande galerie où son père recevait les châtelains des environs.

Il est vrai qu'à Trégunc les ancêtres étaient authentiques, et que M. de Bernage, fils de ses œuvres, n'avait pas d'ancêtres.

Ses petits-enfants en auraient, puisqu'ils descendraient des Scaër, et il n'en demandait pas plus, en attendant mieux.

Pour ses réceptions de cinq heures, Mlle de de Bernage s'établissait dans un petit salon qui faisait suite au grand : une merveille d'élégance confortable, ce boudoir, en forme de rotonde, avec des rideaux en satin de Chine et une cheminée habillée et décorée comme une pagode.

Solange s'y tenait, assise sur un canapé-divan, fermé à chaque bout par un accoudoir et chargé de coussins de toutes couleurs.

Assez loin d'elle, debout devant une table en véritable laque, une personne grassouillette surveillait le samovar de cuivre où chauffait l'eau qui allait servir à la confection du thé.

Cette personne, un peu mûre, était de son état dame de compagnie — une profession assez mal définie qu'on peut exercer de plus d'une façon.

Mlle de Bernage, qui, tout enfant, avait perdu sa mère, ne pouvait pas se passer de chaperon depuis qu'elle était entrée dans le monde, et dès sa sortie du pensionnat, où elle était restée jusqu'à dix-sept ans, son père avait placé près d'elle Mme de Cornuel, veuve, disait-il, d'un officier supérieur et suffisamment distinguée de manières et de ton.

M. de Bernage, qui la connaissait de longue date, appréciait fort ses mérites et avait en elle une confiance absolue.

Solange la goûtait moins, mais elle vivait en bonne intelligence avec cette espèce de gouvernante qui ne la gouvernait guère, car elle ne la contredisait jamais et elle parlait fort peu, quoiqu'elle parlât fort bien, quand il lui plaisait de parler.

Solange lisait et elle ne leva pas les yeux lorsque son prétendu écarta la portière du petit salon.

Le valet de pied s'était retiré sans l'annoncer et l'épaisseur des tapis amortissait si bien le bruit des pas que ni la jeune fille ni la veuve ne s'étaient aperçues que M. de Scaër était là, retenant son haleine, afin de ne pas éveiller l'attention de sa fiancée qu'il prenait plaisir à contempler, sans qu'elle s'en doutât.

On juge mieux de la beauté d'une femme quand elle ne sait pas qu'on la regarde, et jamais Solange ne lui avait paru si belle.

Elle était pâle et brune comme la nuit; elle avait de grands yeux noirs et des sourcils arqués, le profil sévère d'une statue grecque, la taille élancée et les formes juvéniles d'une nymphe sculptée par Jean Goujon.

Et sa pose allanguie ajoutait à sa beauté ce charme délicat que les Italiens appellent la *morbidezza*.

Elle tenait un livre, mais ce livre ne paraissait pas l'intéresser beaucoup, car elle venait de le poser sur ses genoux. Évidemment, sa pensée était ailleurs. A quoi songeait-elle? Hervé jugea qu'il était temps de s'annoncer.

Au léger bruit qu'il fit en s'approchant, elle tourna la tête et s'écria en rougissant un peu :

— Ah! vous m'avez fait peur! Est-ce qu'il y a longtemps que vous êtes là?

— Je viens d'arriver, Mademoiselle, et je vous admirais...

— Sans m'avertir que vous me regardiez. Ce n'est pas de jeu, cela. Si j'avais su, j'aurais pris des attitudes. Je suis sûre que vous m'avez trouvée laide.

Et sans laisser à Hervé le temps de protester, Solange reprit gaiement :

— Pour vous punir, je devrais vous cacher

que vous m'avez surprise rêvant manoirs à tourelles, landes fleuries, pierres druidiques et autres curiosités bretonnes.

— Quoi! Mademoiselle, dit Hervé, vous pensiez à mon pauvre pays!

— Oui, Monsieur, et il me semblait le voir tel que je l'ai vu, l'an dernier, par un ciel pâle qui lui allait à merveille... comme les nuances grises vont aux femmes sentimentales. Et dans le paysage que j'évoquais, vous figuriez en costume de chasse, comme vous étiez le jour où mon père et moi nous vous avons rencontré au bas de l'avenue du château. Vous en souvenez-vous?

— Si je m'en souviens!... Vous aviez une robe bleue à pois blancs.

— Et vous une peau de bique... mais vous la portiez si bien!... j'espère que vous la mettrez pour courir les landes avec moi... Je me ferai faire un costume breton... celui des femmes de Pont-Labbé... c'est le plus joli... et nous nous ferons photographier tous les deux, la main dans la main, au pied de cet énorme dolmen que vous nous avez montré de loin. Vous n'avez pas voulu nous y mener, mais je prétends y aller en pèlerinage dès que nous serons installés à Trégunc. Nous y conduirons Mme de Cornuel, ajouta malicieusement Solange en regardant la dame de compagnie. Je suis sûre qu'elle raffole des monuments druidiques.

— A mon âge, ma chère enfant, répondit en souriant la gouvernante, on ne raffole plus de rien. Quand vous serez mariée, vous irez fort bien sans moi visiter les curiosités bretonnes. Je crois même que je vous gênerais pour les admirer, et votre père sait bien que je n'ai pas le projet de quitter Paris.

— Bon! mais vous viendrez nous voir et je vous promets que vous ne vous ennuierez pas. Je compte faire de Trégunc le plus gai des châteaux. Nous recevrons beaucoup... Nous chasserons à courre dans la forêt de Clohars... Il y a une garnison de cavalerie à Pontivy... Nous inviterons les officiers... il s'en trouvera peut-être qui ont connu M. de Cornuel... n'a-t-il pas commandé un régiment de dragons?

— Oh! il y a si longtemps de cela qu'on ne se souvient plus de lui dans l'armée, répondit la veuve.

Puis à Hervé :

— Vous offrirai-je une tasse de thé, Monsieur le baron?

Elle ne manquait jamais de l'appeler par son titre, à l'imitation de Bernage qui baronisait volontiers son futur gendre, et cette fois, elle appuya sur le mot, comme si elle eût voulu rappeler à Solange que la châtelaine de Scaër ne devait pas mener en province la vie d'une cocodette parisienne.

Hervé saisit l'intention et marqua un bon point à la dame, car il n'était pas disposé à accepter intégralement le programme de Mlle de Bernage et il espérait en restreindre l'exécution.

L'allusion au dolmen de Trévic l'avait d'ailleurs un peu troublé, et il se promettait de n'y jamais conduire sa femme.

Il remercia Mme de Cornuel et il dit à la jeune fille :

— Vous me rassurez, Mademoiselle. Je m'imaginais que vous vous accoutumeriez difficilement à la Bretagne et je crains encore un peu que vous ne vous illusionniez sur les charmes d'un séjour prolongé à Trégunc. Moi je m'y plais, parce que j'y ai été élevé, mais vous qui n'avez fait qu'y passer et qui avez toujours habité Paris...

— Pardon !... j'ai été sept ans en nourrice et en sevrage, dans une ferme de la Brie... dix ans à Versailles, au pensionnat de la respectable Mme Verdun... j'en ai maintenant dix-neuf... comptez !

— Mais, depuis deux ans que vous allez dans le monde...

— Dans le monde où on s'ennuie, interrompit Solange. Mon père ne voit que des gens sérieux... deux ou trois bals par hiver... cinq ou six fois au spectacle... à l'Opéra, aux Français, ou à l'Opéra-Comique... les autres théâtres, à ce qu'il paraît, ne sont pas convenables et on ne me les permet pas... quelques visites à des amies de pension qui sont mariées et qui me les rendent, quand elles en ont le temps... et puis, c'est tout... Je serai moins isolée à Trégunc que dans cet hôtel... tenez! nous sommes en plein carnaval... et aujourd'hui, dimanche gras, si vous n'étiez pas venu, je n'aurais vu personne. Quand je pense qu'il y a des femmes qui, depuis deux mois, dansent tous les soirs!...

— Vous aimez le bal tant que cela?

— Ce n'est pas le bal que j'aime, c'est le mouvement, c'est le bruit, c'est l'imprévu. J'aimerais encore mieux la chasse, les chevaux, les expéditions périlleuses. Je voudrais m'embarquer pendant une tempête et faire un peu naufrage.

— Si je vous disais que nous avons les mêmes goûts?

— Vrai?... bien vrai?

— J'étais né pour être marin... j'ai manqué à ma vocation... mais avec vous, j'irais volontiers au bout du monde.

— Oh! alors, je serai la plus heureuse des femmes, s'écria Solange en battant des mains.

— Non... c'est moi qui serai le plus heureux des hommes, dit gaiement Hervé.

— Nous voyagerons tout l'été... en Laponie... en Islande... dans des pays où personne ne va... pas en Suisse, par exemple, à moins que ce ne soit pour faire l'ascension du Mont-Blanc; à l'automne, quand nous serons rentrés, nous forcerons des loups... il doit y avoir des loups dans votre forêt de Clohars... et l'hiver, à Paris, nous irons partout... aux petits théâtres... aux cafés-concerts... au bal de l'Opéra... J'ai tourmenté mon père pour qu'il m'y menât... il n'a jamais voulu. Je me demande pourquoi. Une de mes amies de la pension Verdun y va avec son mari... vous y allez, vous...

— Comment! vous savez...

— Je ne sais rien du tout, mais j'imagine que vous ne vous en privez pas plus que les autres jeunes gens de votre âge.

— Mademoiselle, vous me donnez le courage de faire des aveux. J'y étais cette nuit, au bal de l'Opéra... et je m'y suis ennuyé mortellement.

— Parce que vous êtes blasé sur ce plaisir-là. Moi pas, et je vous réponds que je m'y amuserai quand vous m'y conduirez. En attendant, racontez-moi ce que vous y avez fait.

— Rien. Je m'étonnais de m'y voir et je n'y serais pas resté une demi-heure, si je n'y avais pas rencontré...

— Qui donc?

— Vous ne le devineriez jamais, si je ne vous le disais pas. Un gars de mon pays, un pauvre diable qui gardait les chèvres de ma ferme de Lanriec et qui est venu échouer à Paris, où il meurt de faim. Je ne le reconnaissais pas, mais il m'a reconnu et il m'a abordé. Je lui ai donné de quoi manger et je lui ai promis de le reprendre à mon service, quand nous serons au château.

— Vous avez bien fait.

— J'étais sûr que vous ne me désapprouveriez pas et je suis sûr aussi que vous vous intéresserez à lui, quand vous connaîtrez son histoire. C'est un véritable roman... et un roman d'amour.

— Dites-la moi, je vous en prie.

— Non, Mademoiselle. Je veux vous laisser le plaisir de la lui demander quand vous le verrez... et puis, Dieu sait comment elle finira... attendez le dénouement.

En dépit des mines de la gouvernante un peu scandalisée de la tournure que prenait cette causerie entre fiancés, Solange aurait volontiers insisté, mais, à ce moment, entra le valet de pied, apportant sur un plat d'argent une carte de visite. Elle la prit et après y avoir jeté les yeux, elle la passa à M{ }^{me} de Cornuel, en lui demandant :

— Connaissez-vous ce nom-là ?

— « Marquesa de Mazatlan », lut la gouvernante ; non... pas du tout.

— Au-dessus du nom, il y a des armes. M. de Scaër les connaît peut-être.

— Des armes timbrées d'une couronne de marquis, répondit Hervé, après avoir regardé. Non, je ne les connais pas.

— Enfin, demanda la gouvernante au valet de pied, que veut cette dame?...

— Elle vient quêter au profit d'une œuvre de charité.

— Quelque intrigante, sans doute.

— Je ne crois pas, Madame. Elle attend à la grille, dans un coupé très bien attelé et je sais qu'elle a son hôtel avenue de Villiers. Je la vois passer très souvent et je connais son cocher.

— C'est différent, dit Mme de Cornuel qui avait beaucoup de considération pour les gens riches. Il me semble, ma chère Solange, que vous pouvez la recevoir.

— Je ne demande pas mieux, s'écria la jeune fille. Une marquise espagnole, ici..., c'est inattendu et j'adore l'inattendu.

Sur un signe de Mme de Cornuel, le valet de pied sortit à reculons et, dès qu'il eut disparu, Hervé se mit à dire en riant :

— J'ai le pressentiment que cette Espagnole est une affreuse duègne.

— Je l'espère bien, répliqua gaiement Mlle de Bernage. Si elle était jeune et jolie, je ne la recevrais pas volontiers pendant que vous êtes là. Sachez, Monsieur, que je suis très jalouse.

— Je ne vous donnerai jamais sujet de l'être, Mademoiselle. Je viens de faire mes preuves à l'Opéra... en refusant d'aller souper en mauvaise compagnie avec des amis qui ne se piquent pas de vertu... et je vous jure que je n'ai eu aucun mérite à me priver de ce divertissement, car depuis que j'ai le bonheur de vous connaitre, toutes les femmes me semblent laides.

— Prenez garde, dit malicieusement Solange; la marquise est peut-être charmante et, avant que le coq ait chanté trois fois, il pourrait bien vous arriver de changer de sentiment... Mais je vous avertis que, si elle vous plaît, je m'en apercevrai tout de suite.

Ce marivaudage n'était pas du goût de Mme de Cornuel et elle y coupa court, en disant :

— Je ne sais si M. de Bernage nous approuvera d'avoir reçu cette étrangère... je regrette vivement qu'il ne soit pas encore rentré.

— Je puis vous assurer qu'il ne tardera guère, dit Hervé qui n'était pas fâché de se dérober aux taquineries de sa fiancée; quand je suis arrivé, il venait de me quitter sur la place de la Madeleine en me priant de vous annoncer qu'il me rejoindrait ici avant une demi-heure.

— Elle est passée la demi-heure, murmura la dame de compagnie.

— Raison de plus pour que nous le voyions bientôt.

— Je le souhaite, car sa présence me délivrerait d'une responsabilité qui...

— Il me semble qu'on vient, interrompit Solange en prêtant l'oreille. Monsieur de Scaër, je vous prie, voyez donc si c'est mon père.

Le grand salon étincelait de mille feux. C'était une des fantaisies quotidiennes de Mlle de Bernage de faire allumer, dès que la nuit approchait, tous les lustres et toutes les torchères, à seule fin de ne pas ressembler aux provinciaux qui ne s'habillent que le dimanche et aux bourgeois de Paris qui ne s'éclairent à *giorno* que les jours où ils ont du monde à dîner.

Cette illumination ne s'étendait pas jusqu'au petit salon, où brûlaient seulement deux lampes discrètes, et de cette inégale distribution des lumières il résultait que du fond du boudoir on voyait beaucoup mieux qu'on n'était vu.

Pour être agréable à sa fiancée, Scaër s'était avancé jusqu'à la portière de soie qui marquait la séparation des deux pièces, et il put tout à son aise examiner la tournure, la démarche et même les traits de la dame qu'amenait le valet de pied, — car c'était la visiteuse qui arrivait et non pas M. de Bernage, comme l'avait cru Solange et comme le désirait Mme de Cornuel.

Hervé resta ébloui de la beauté de cette marquise de Mazatlan que, tout à l'heure, avant qu'elle se fût montrée, il soupçonnait d'être une duègne.

Elle était charmante et elle brillait de jeunesse.

5.

Seulement, elle n'avait pas du tout l'air espagnol.

Elle était blonde comme les blés. A la blancheur de sa peau et à la fraîcheur de son teint, on aurait pu la prendre pour une Anglaise. Mais le regard était vif, la physionomie expressive et mobile. Habillée, d'ailleurs, avec goût, comme une Parisienne qui sait porter la toilette et qui suit la mode sans l'exagérer.

Le règne de l'absurde crinoline venait de finir et une robe bien coupée mettait en relief tous les avantages naturels de la dame : sa taille souple, sa tournure gracieuse et même son petit pied, aristocratiquement cambré.

Elle avait ce que l'auteur du *Demi-Monde* a appelé *la ligne,* c'est-à-dire la grâce et l'harmonie du mouvement. Elle avait aussi de la race, comme disent les connaisseurs en chevaux et en femmes.

Elle en avait tant que Scaër, extasié, oubliait de renseigner Mlle de Bernage qui l'avait envoyé en reconnaissance et qui s'étonnait de son silence prolongé.

Ce fut l'affaire d'un instant, car il se rejeta vivement dans le petit salon pour laisser passer la visiteuse que le valet de pied annonçait.

Il se retira si vite qu'elle entra sans le remarquer et il recula jusqu'au fond du boudoir, pendant que Solange, avertie, se levait pour recevoir poliment cette quêteuse titrée.

Et ce fut le tour de Solange d'être éblouie.

Quoi qu'elle en eût dit à son fiancé, elle ne s'attendait pas à voir une duègne, mais elle s'attendait encore moins à voir une merveille de beauté, et peu s'en fallut qu'elle ne perdît contenance.

— Mademoiselle, lui dit doucement l'étrangère, pardonnez-moi de me présenter ici sans être connue de vous. Je sais que vous aimez les pauvres et je vais m'adresser à votre cœur ; je puis donc espérer que vous excuserez l'indiscrétion de ma visite, et, afin de vous l'expliquer, je me hâte de vous apprendre que votre réputation de charité s'étend jusqu'à l'avenue de Villiers où je demeure.

— J'avoue que je ne m'en doutais pas, murmura Solange.

— Je vous assure, Mademoiselle, que tous les malheureux de ce quartier vous bénissent ; aussi n'ai-je pas hésité à venir vous demander à vous associer à une bonne œuvre.

Maintenant, permettez-moi de vous dire qui je suis, et pourquoi je viens, car vous ne savez de moi que mon nom, et mon mari n'a jamais habité la France qu'en passant. Il est mort à la Havane, où il possédait de grandes propriétés, et j'ai pris la résolution de me fixer à Paris. Il m'a laissé une fortune indépendante et je voudrais en consacrer une partie à ceux qui souffrent de la maladie à laquelle il a succombé... une maladie très rare à la Havane et très commune en Europe... la plus terrible de toutes, car on n'en guérit jamais... la phtisie enfin... qui fait tant de ravages que la place manque souvent dans vos hôpitaux pour y traiter ceux qu'elle atteint.

Je ne suis pas assez riche pour fonder à moi seule un nouvel hôpital qui leur serait réservé. Je suis donc obligée d'avoir recours aux âmes compatissantes pour compléter la somme. Je ne sais si j'y parviendrai... mais je réussirai du moins, avec mes propres ressources, à soulager bien des misères isolées.

Cela dit, Mademoiselle, je me hâte d'ajouter que je ne viens pas solliciter de vous une offrande immédiate. Je ne fais encore que de la propagande charitable. Tout ce que je vous demande, c'est de recommander à Monsieur votre père, à ses amis et aux vôtres, une idée généreuse...

— Je vous promets de l'appuyer de toutes mes forces et je ne doute pas d'y rallier mon père, dit vivement Mlle de Bernage.

La marquise était restée debout et Solange, qui ne se lassait pas d'admirer sa rayonnante beauté, ne songeait pas à la prier de s'asseoir ; ce que voyant, la gouvernante avança un siège, et Solange pensa enfin aux présentations obligatoires en pareil cas.

— Mme de Cornuel, dit-elle en désignant la dame de compagnie qui échangea avec l'étrangère un salut assez froid.

M. de Scaër !

A ce nom, la marquise tourna vivement la tête du côté où se tenait dans l'ombre Hervé qu'elle n'avait pas aperçu en entrant.

Lui aussi, il s'était encore une fois oublié à contempler cette adorable quêteuse, et il se sentait troublé, sans savoir pourquoi.

Il se montra pourtant, et en s'inclinant devant elle, il crut voir qu'elle changeait de visage.

Elle rougit positivement et une flamme brilla dans ses grands yeux bleus.

La rougeur passa vite et la flamme s'éteignit aussitôt. Mais la physionomie prit une expression d'étonnement ou d'inquiétude. Le regard semblait demander : « que fait ici ce jeune homme ? »

Hervé ne se permit pas de répondre à cette interrogation muette et la marquise, promptement remise, dit à Solange :

— Je vous remercie, Mademoiselle, et je me flatte que, sur votre recommandation, M. de Bernage ne me refusera pas son appui. Ses relations dans le monde des grandes affaires m'aideront puissamment, s'il veut bien s'intéresser à la création hospitalière que je rêve. Je regrette de ne pas le rencontrer aujourd'hui et je serai très heureuse de le recevoir quand il lui plaira de venir chez moi, car...

— Le voici, Madame, interrompit Solange, qui s'était rapprochée de la portière ouverte.

M. de Bernage arrivait au moment où l'entretien allait cesser, car la marquise ne paraissait pas disposée à le prolonger, depuis que M. de Scaër était entré en scène inopinément.

Solange courut à la rencontre de son père et l'arrêta pour le mettre en peu de mots au courant de la situation. Il l'écouta d'un air assez renfrogné, mais il se dérida dès qu'il se trouva en face de Mme de Mazatlan.

Cette étrangère n'avait qu'à paraître pour apprivoiser les plus récalcitrants et le quinquagénaire Bernage subit comme les autres l'ascendant de sa beauté. Il fut non seulement poli, mais empressé, galant même plus qu'il ne convenait à son âge, et il fit si bien qu'il retint la marquise, prête à partir. Pour cela, il n'eut qu'à dire ce que son futur gendre n'avait pas dit. Il présenta de nouveau Hervé de Scaër, mais il le présenta comme le fiancé de sa fille, et il alla jusqu'à ajouter qu'après leur très prochain mariage, M. et Mme de Scaër seraient charmés de revoir au château de Trégunc, en Cornouailles, la marquise de Mazatlan.

C'était, comme on dit, se jeter à la tête de cette marquise, et il fallait qu'elle l'eût ensorcelé à première vue pour qu'il s'avançât ainsi, car il n'était pas coutumier du fait.

Hervé n'en revenait pas et se reprenait à croire que l'homme mûr qui s'enflammait si facilement pour une jolie femme avait bien pu aller, comme le prétendait Ernest Pibrac, chercher au bal de l'Opéra des bonnes fortunes d'occasion.

Solange s'étonnait aussi d'entendre son père s'aventurer de la sorte et se réservait de décliner plus tard l'honneur d'héberger, en Bretagne, la trop séduisante marquise.

Mme de Cornuel, plus étonnée encore, écoutait de toutes ses oreilles et oubliait de servir le thé.

Mme de Mazatlan reçut sans enthousiasme les compliments et l'invitation, évitant de s'engager pour l'avenir et revenant toujours au but présent de sa visite.

Sur quoi, M. de Bernage se répandit en éloges et en protestations de dévouement à la noble entreprise patronnée par la dame, déclarant qu'il lui tardait d'aller la voir, en son hôtel de l'avenue de Villiers, à seule fin de s'entendre avec elle sur la marche à suivre pour mener à bien le grand projet qu'elle caressait.

Elle l'assura qu'il serait le très bien venu, elle

le remercia chaleureusement et en excellents termes, mais elle ne se décida pas à s'asseoir.

On eût dit qu'elle se sentait gênée depuis qu'elle n'était plus seule avec Solange. L'apparition d'Hervé l'avait surprise et sans doute les empressements de M. de Bernage la fatiguaient.

Elle y coupa court en prenant congé.

Bernage la reconduisit, et il l'aurait volontiers accompagnée jusqu'à sa voiture, s'il n'eût pas rencontré le valet de pied qui attendait dans l'antichambre.

Quand il revint, il trouva Hervé et Solange échangeant des regards dont il devina certainement la signification, car il leur dit de but en blanc :

— Vous vous demandez si j'ai perdu l'esprit de faire tant d'accueil à une marquise d'outre-mer. Vous ne savez pas que je la connaissais déjà sans l'avoir jamais vue et que je puis avoir plus tard intérêt à être bien avec elle. Elle est fort riche et il s'agit d'une très grosse affaire. Il y a dans ses propriétés de l'île de Cuba des gisements miniers dont elle ne soupçonne pas l'existence, et je suis administrateur d'une compagnie financière qui voudrait les acheter. Je la crois un peu folle et son projet d'hôpital pour les phtisiques est une lubie qui lui aura passé par la cervelle. Mais pour la disposer à nous vendre à de bonnes conditions ses terrains, je l'aiderai volontiers…

de mes conseils et même de mon influence.

Le rusé financier ajouta en riant :

— Quant à l'hospitalité que je lui ai offerte, sans vous consulter, vous pourriez la lui accorder sans trop d'inconvénients, car ce n'est point une aventurière ni une marquise de contrebande ; mais vous ne serez pas installés là-bas avant la fin de l'été... et alors, je n'aurai plus besoin d'elle.

Vous comprenez, mon cher baron ?

— Parfaitement, dit Hervé, quoiqu'il persistât à penser que son futur beau-père avait de tout autres desseins.

— Eh ! bien, moi, s'écria Solange, je serais désolée qu'elle vînt à Trégunc. Elle est si jolie qu'auprès d'elle, je paraîtrais laide.

Hervé protesta d'un geste, mais Solange reprit :

— Pourquoi donc a-t-elle rougi quand vous vous êtes montré ?

— Je... je n'ai pas remarqué, balbutia le fiancé.

— Vraiment !... eh ! bien, j'en suis sûre... et je crois qu'elle a rougi, parce qu'elle ne s'attendait pas à vous trouver ici.

— Mais elle ne me connaît pas !

— Qu'en savez-vous ?

— Quoi qu'il en soit, je vous jure, Mademoiselle, que je viens de la voir pour la première fois de ma vie.

— Il ne faut jurer de rien.

— C'est le titre d'un proverbe d'Alfred de Musset, dit gaiement Hervé ; mais puisque vous me défendez de jurer, je me contente d'affirmer... que je ne l'avais jamais aperçue, même de loin.

— Moi, dit M. de Bernage, je vous crois d'autant mieux qu'elle habite ce quartier et que je ne l'ai jamais rencontrée dans la rue.

— Ni moi non plus, murmura la gouvernante.

— Probablement, elle ne sort qu'en voiture. Peu nous importe, du reste, et je te prie, ma chère Solange, de cesser de tourmenter M. de Scaër qui n'a rien à démêler avec cette marquise. J'irai la voir pour affaires, mais tu n'entendras plus parler d'elle.

Solange ne paraissait pas convaincue et elle allait insister, lorsque le valet de pied reparut à l'entrée du petit salon. Il n'apportait cette fois ni plateau ni carte de visite, mais il dit en s'adressant à Hervé :

— M. Ernest Pibrac attend Monsieur le baron sur le boulevard Malesherbes.

— Pibrac ! répéta M. de Bernage ; n'est-ce pas ce jeune homme qui était avec vous à la fenêtre de Tortoni ?

— Oui... et je trouve très étrange qu'il se permette de venir me chercher ici. Comment a-t-il su que j'y étais ?... je ne lui ai pas dit où j'allais. Et que me veut-il?

— Je crois que je devine, répondit M. de Bernage. Tapageur comme il l'est, il se sera pris de querelle au café où vous l'avez laissé et il a ramassé une affaire. Il nous avait vus partir ensemble, il s'est douté que je vous emmenais chez moi et il vient vous demander de lui servir de témoin.

— Je refuserai net, dit vivement Hervé.

— Encore faut-il lui signifier de ne pas compter sur vous. Pourquoi ne le recevriez-vous pas ici dans mon cabinet?

— Dieu m'en garde ! Il doit être gris.

— Alors, mon cher baron, allez lui parler et revenez-nous, dès que vous serez débarrassé de lui.

— J'y vais donc, et ce sera vite fait.

Ayant dit, Hervé sortit, sans prendre congé de Mlle de Bernage, qu'il comptait revoir bientôt et qui ne chercha point à le retenir.

En remettant son pardessus, il questionna le valet de pied qui l'y aidait, et il apprit que Pibrac ne l'attendait pas, comme il le croyait, devant la grille de l'hôtel.

C'était un commissionnaire qui était venu dire au concierge que M. de Scaër trouverait M. Ernest Pibrac au coin de la rue de Lisbonne, et ce commissionnaire s'en était allé immédiatement rejoindre celui qui l'avait envoyé.

Pibrac, d'ordinaire, n'était pas si discret, ni si mystérieux d'allures.

Il fallait qu'il eût de bien graves motifs pour prendre tant de précautions. Et il était temps d'en finir avec un camarade gênant qui pouvait devenir dangereux.

Hervé se disait cela en hâtant le pas vers la rue de Lisbonne. Il pensait aussi à la singulière visite de la marquise havanaise, aux velléités jalouses de Solange, aux empressements de Bernage, et il soupçonnait des dessous qui ne lui apparaissaient pas encore clairement.

Quoiqu'il eût affirmé le contraire, il s'était parfaitement aperçu que la marquise s'était troublée lorsque Mlle de Bernage l'avait nommé, et il se demandait pourquoi.

Il était toujours bien sûr de ne pas avoir vu ailleurs le ravissant visage de cette blonde aux yeux bleus, mais il lui semblait maintenant avoir déjà entendu sa voix, et il cherchait inutilement à se rappeler où il l'avait entendue.

Il marchait vite et il ne tarda guère à arriver au coin de la rue de Lisbonne. Pibrac n'y était pas. Hervé pensa qu'il se promenait dans la rue et s'y engagea sans hésiter.

Il ne lui vint pas à l'esprit qu'il s'exposait à tomber dans un guet-apens tendu par un ennemi qui, pour l'y attirer, se serait serait servi du nom de Pibrac — le voleur du bal de l'Opéra, par exemple.

Elle est cependant peu éclairée, cette rue de Lisbonne; les boutiques y sont rares, et en hiver, après la nuit tombée, il n'y passe presque personne.

Ce soir-là, une voiture y stationnait à cinquante pas du boulevard Malesherbes. Hervé n'y prit pas garde et continua d'avancer, sans cesser de regarder à droite et à gauche, s'il n'apercevrait pas Pibrac.

Il ne le vit pas, mais il vit descendre de cette voiture et venir à lui une femme qui l'aborda en lui disant :

— Me voici !

Hervé reconnut la marquise et resta muet d'étonnement.

— Il était donc impénétrable, le voile que je portais au bal de l'Opéra, demanda-t-elle en souriant?

— Vous !... c'était vous ! murmura Hervé, stupéfait.

— En doutez-vous encore? Faut-il, pour vous le prouver, que je vous demande si vous m'avez déjà répondu poste restante?

— Oh! non, je ne doute plus... mais je ne comprends pas...

— Le hasard a tout fait. Je ne pouvais pas deviner que je vous trouverais chez M. de Bernage, car j'ignorais que vous le connaissiez. Je vous y ai trouvé, j'ai voulu profiter d'une occasion inespérée, et, pour vous parler sans témoins, j'ai imaginé de me servir du nom de votre ami... Ce nom, je l'avais entendu dans la loge et je l'avais retenu... j'en ai un peu abusé..., mais vous me pardonnerez, je l'espère... et je vous remercie d'être venu.

— C'est moi qui vous remercie, Madame, d'avoir hâté notre rencontre. Je la désirais ardemment et je vous ai écrit ce matin, aux initiales que vous m'aviez indiquées.

— Puis-je savoir où vous me donniez rendez-vous? demanda gaiement la marquise.

— Au marché aux fleurs de la Madeleine, tous les jours à quatre heures... et je vous prie de croire que je n'y aurais pas manqué.

— Ni moi non plus... mais rien ne nous empêche maintenant de nous voir chez moi, si vous le voulez.

— Je craindrais d'y rencontrer M. de Bernage.

— Votre futur beau-père. C'était donc vrai, ce que disait au bal de l'Opéra votre ami Pibrac?

— Moi aussi, Madame, je vous ai dit que j'allais me marier.

— Vous ne m'avez pas dit avec qui. Alors, vous aimez cette jeune fille?

Hervé se tut. Lancée avec cette brusquerie, la question l'avait choqué. Il se demandait de quel droit la marquise la lui posait et quels desseins elle avait sur lui. Il n'avait eu avec elle qu'un bref entretien et la lettre qu'elle lui avait remise ne contenait que d'énigmatiques allusions à une rencontre en Bretagne. Qu'attendait-elle de lui? Le moment était venu de la prier de s'expliquer.

— Pourquoi ne l'aimeriez-vous pas? reprit doucement la marquise. Elle est charmante et le passé est si loin!...

— De quel passé parlez-vous?

— Ne le savez-vous pas?... Vous avez lu ma lettre...

— Oui... elle ne m'a pas beaucoup renseigné.

— Aviez-vous donc oublié qu'un soir, près du dolmen de Trévic...

— Une femme m'est apparue. Comment l'aurais-je oublié?... il n'y a que trois ans de cela... mais cette femme...

— C'était moi. Je voyageais alors sur le yacht de mon mari. J'ai voulu voir la place où vous vous étiez engagé jadis avec Héva Nesbitt.

— Héva!... vous l'aviez donc connue?

— C'était ma meilleure amie, là-bas, en Amérique, avant qu'elle vint en France... et pendant le peu de temps qu'elle a passé dans votre pays avec sa mère, elle m'a écrit qu'elle s'était fiancée à vous... et elle m'a si bien décrit la grève de Trévic que je n'ai eu aucune peine à la découvrir... Je ne m'attendais pas à vous y rencontrer.

— Que ne m'avez-vous dit alors ce que vous me dites maintenant !

— A ce moment-là, je ne savais pas que le chasseur qui m'avait surprise au pied du dolmen était le baron de Scaër... je ne l'ai su qu'après... et d'ailleurs, je n'étais pas libre... J'ai dû regagner précipitamment le yacht qui m'avait amenée, mais je me suis souvenue... et dès que j'ai été maîtresse de mes actions, j'ai tout quitté...

— Pas pour vous mettre à ma recherche, je suppose ?

— Non, Monsieur. Pour chercher ma malheureuse amie. Dix ans se sont écoulés depuis qu'elle a disparu et je ne désespère pas encore de la retrouver... ou de la venger.

— La venger ! vous croyez donc qu'on l'a tuée !

— Tuée ou séquestrée, puisqu'elle n'a jamais donné signe de vie.

— Vous ne réussirez pas là où la justice française a échoué.

— La justice française ne savait pas ce que je sais. Elle a perdu la trace des disparues. Moi, je suis certaine qu'on les a amenées à Paris... amenées ou attirées. Qu'y a-t-on fait d'elles ?... Je l'ignore, mais je le saurai et, je vous le répète, je les vengerai.

— Je vous y aiderai bien volontiers.

— Vous pensez donc encore à Héva ? demanda vivement la marquise.

— Toujours, et si je connaissais les assassins...

— Vous les dénonceriez sans pitié. Ainsi ferai-je quand j'aurai des preuves... et j'en aurai.

— Disposez de moi, Madame, si je puis vous servir. Mais qu'avait fait donc cette enfant de quinze ans pour mériter la haine des scélérats qui...

— Elle et sa mère étaient trop riches. On les a supprimées pour les dépouiller d'une somme énorme qu'elles venaient de recueillir... Mais l'heure n'est pas venue de vous apprendre leur histoire... et la mienne. Parlons de vous, Monsieur, et puisque vous craignez de vous heurter chez moi à M. de Bernage, faites-moi la grâce de me dire où je pourrais vous voir... Chez vous, ce serait peu convenable...

— Où il vous plaira, Madame. Je suis logé à l'hôtel du Rhin, place Vendôme, et j'y attendrai vos ordres... Maintenant, oserai-je vous demander si vous comptez recevoir M. de Bernage?

— Il le faudra bien, puisqu'il m'a promis de m'aider à réaliser mon rêve hospitalier. Pourquoi cette question?

— Parce que je tiens à vous dire qu'il a des projets que vous ne soupçonnez pas et que je désapprouve. Vous êtes propriétaire à Cuba d'une mine qu'il voudrait acheter à vil prix pour le compte d'une Compagnie financière...

— Il a dit cela ?

— Oui, Madame..., après votre départ.

— C'est singulier. Je ne possède plus un pouce de terre à Cuba. Toute ma fortune est en France. Je ne puis croire que M. de Bernage soit si mal informé et je devine qu'il a pris ce prétexte pour motiver les fréquentes visites qu'il se propose de me faire.

— Alors, vous pensez qu'il veut seulement vous seconder dans la grande œuvre de charité que vous voulez entreprendre?

— Je pense qu'il viendra surtout parce que j'ai eu le malheur de lui plaire. Je m'étonne que vous ne vous en soyez pas aperçu. Il a, n'en doutez pas, l'intention de me faire la cour.

— A son âge!

— Vous ne le connaissez pas, à ce que je vois. Moi, je sais ce qu'il vaut... mais je me tiendrai sur mes gardes... et je vous prie de me pardonner de parler si franchement à son futur gendre.

— Je l'aime mieux galantin suranné que malhonnête... et si, comme je l'avais cru, il pensait à profiter de l'ignorance où vous êtes de la valeur réelle de vos terres, je le tiendrais en médiocre estime.

— Mais vous épouseriez sa fille, quand même. Et pourquoi non, au fait?... Elle ne lui ressemble pas, j'imagine.

Hervé s'abstint de répondre à ce coup de griffe féminin et la marquise, voyant qu'elle venait de le blesser, s'empressa de réparer son tort, en lui tendant la main.

Il la prit et il y mit un baiser, comme s'il eût été dans un salon.

Personne ne le voyait. Perché sur son siège, le cocher de Mme de Mazatlan tournait le dos et pas un passant ne se montrait.

La paix était faite entre la Havane et la Bretagne.

— J'espère, Monsieur, que vous ne m'en voulez plus, dit en souriant la marquise. Vous recevrez bientôt de mes nouvelles.

Et elle remonta dans son coupé qui tourna vers le boulevard Malesherbes et fila comme une flèche.

Hervé reprit le chemin par lequel il était venu, mais il n'entra point à l'hôtel de Bernage, et pour cause. Il ne voulait pas dire au père et encore moins à la fille qu'il venait de s'aboucher dans une rue déserte avec la belle quêteuse, et il ne voulait pas non plus inventer un récit mensonger de son excursion.

Il voulait être seul afin de se recueillir.

Depuis qu'il était entré au bal de l'Opéra, les incidents se succédaient et la situation ne faisait que se compliquer.

Hervé pressentait qu'elle allait se compliquer encore et il tenait à l'envisager sous toutes ses faces, avant de prendre un parti.

III.

Avant la guerre, on avait déjà commencé à construire le nouvel Hôtel-Dieu, mais les bâtiments de l'ancien hôpital attristaient encore le parvis Notre-Dame.

Il n'en est resté debout qu'un corps de logis, isolé, en façade sur le quai, et masquant les laideurs des ruelles sombres qui serpentent entre la place Saint-Michel et la place Maubert.

Ce coin de l'ancien Paris, échappé à la pioche des démolisseurs, confine au pays Latin, mais les étudiants le dédaignent et se cantonnent de préférence aux environs du Luxembourg.

Les bas-fonds de la rive gauche sont trop noirs et trop humides pour ces jeunes gens qui aiment l'air et le soleil.

Au contraire, les ouvriers et les petits industriels s'en accommodent, parce qu'ils trouvent à s'y loger à bon marché.

C'est un des quartiers les plus peuplés de la grande ville et, quoiqu'il ne soit guère habité que par des pauvres, ce n'est pas un quartier mal famé. Les cabarets n'y manquent pas, mais on y travaille du matin au soir ; on s'y couche de bonne heure et les attaques nocturnes y sont rares.

On y vit un peu comme dans une petite ville de province, car, on y voisine beaucoup et on se met volontiers sur les portes pour regarder les passants.

C'est encore ainsi maintenant ; c'était bien pis, ou bien mieux, en 1870.

Hervé de Scaër s'en aperçut lorsque, le surlendemain de son entrevue avec la marquise de Mazatlan, il se décida à entreprendre le voyage de la place Vendôme à la rue de la Huchette, à seule fin de savoir ce que devenait Alain Kernoul qui ne lui avait pas donné signe de vie depuis la nuit du samedi au dimanche gras.

Hervé craignait qu'il ne fût mésarrivé à ce brave garçon et désirait lui venir en aide, le plus tôt possible.

Hervé n'avait pas revu non plus Monsieur ni Mademoiselle de Bernage, ni la quêteuse havanaise. Il n'avait revu que Pibrac, au Cercle ; Pibrac, mal dégrisé, qui, avec la ténacité d'un ivrogne, s'était remis à lui dire du mal de son futur beau-père et à le taquiner à propos de la blonde qu'il avait surnommée Double-Blanc.

A en croire ce garnement, Bernage était un

vieux coureur hypocrite et la blonde une dévergondée dangereuse.

Ces propos d'homme entre deux vins ne méritaient pas d'être pris au sérieux, et pourtant ils n'avaient pas laissé d'affecter désagréablement Hervé, qui était devenu très impressionnable depuis ses dernières aventures.

Il venait de passer deux jours à y réfléchir et il n'était pas parvenu à les tirer au clair. Son entretien avec la marquise, dans la rue de Lisbonne, avait été si écourté qu'il n'avait pas eu le temps de lui demander certaines explications, faute desquelles l'histoire qu'elle racontait restait très ténébreuse.

Ainsi, elle disait avoir été la meilleure amie d'Héva Nesbitt; comment se faisait-il donc qu'elle eût attendu dix ans avant de rechercher ceux qui l'avaient fait disparaître? Et ce débarquement clandestin sur la côte de Bretagne, pourquoi n'en avait-elle pas profité pour se renseigner sur les circonstances de la disparition, en s'adressant à Hervé de Scaër qu'elle savait être dans le pays? Et plus tard, depuis qu'elle s'était fixée à Paris, pourquoi, au lieu d'entrer aussitôt en relations avec lui, avait-elle attendu qu'un hasard le lui fît rencontrer au bal de l'Opéra?... Un hasard prévu, puisqu'elle avait écrit d'avance la lettre qu'elle lui avait remise dans la loge.

Autant d'énigmes qu'Hervé n'était pas en état de deviner.

Il avait d'ailleurs d'autres sujets de préoccupation.

Sans ajouter foi aux accusations de Pibrac, il commençait à se défier un peu du père de Solange. M. de Bernage, qui ne se faisait pas scrupule de mentir à propos du but de sa prochaine visite à la marquise, lui semblait presque suspect. L'empressement que ce dernier mettait à marier sa fille au dernier des Scaër pouvait bien cacher une arrière-pensée. Ce soupçon naissant tourmentait Hervé plus que de raison.

Et l'étrange incident du carnet volé lui revenait à l'esprit.

Le voleur ne s'était plus montré depuis la tentative manquée sur la place Vendôme. Cela ne prouvait pas qu'il eût renoncé à rentrer en possession d'un objet auquel il paraissait tenir tout autant que s'il lui eût appartenu légitimement, et Hervé avait hâte de savoir si ce chenapan ne s'était pas retourné contre Alain Kernoul.

Pour le savoir, il fallait d'abord trouver le domicile du gars aux biques, et Hervé, entré par le boulevard Saint-Michel dans la rue de la Huchette, cheminait, le nez en l'air, en regardant du côté des numéros pairs.

Il ne tarda guère à voir le 22, plaqué sur une large, haute et vieille maison, irrégulièrement percée de fenêtres de dimensions inégales.

Plus de murs que d'ouvertures dans cette longue façade, coupée à chaque bout par une ruelle aboutissant au quai.

En bas et à peu près au milieu, une porte bâtarde qui n'était pas fermée, et au delà une allée sombre.

Ce triste logis convenait fort bien à un ménage persécuté par la fortune et répondait à l'idée que Scaër s'était faite de l'immeuble où Alain abritait sa misère... et sa malade.

Il ne s'agissait plus que d'y entrer, mais à quel étage perchait le couple et à qui s'en informer? Ces masures-là n'ont jamais de concierge.

Il y avait bien, au rez-de-chaussée, trois ou quatre boutiques, mais elles étaient closes et il ne paraissait pas que, depuis des temps reculés, elles eussent jamais été louées, car les volets tombaient de vétusté.

Les fenêtres aussi étaient fermées, et Hervé aurait pu croire que personne n'habitait cette bâtisse vermoulue si, en se reculant pour mieux voir, il n'eût remarqué, sur le rebord d'une croisée du cinquième étage, des pots de fleurs, une caisse peinte en vert et un treillage en fil de fer évidemment destiné à supporter au prochain printemps des tiges de plantes grimpantes.

— C'est le jardin de Jenny l'ouvrière, chantonna Hervé. Je parierais volontiers que c'est Alain qui le cultive pour sa bonne amie.

L'indication, à vrai dire, était insuffisante, mais faute de renseignements plus précis qu'il n'espérait pas obtenir, il se décida à tenter l'ascension, non sans avoir préalablement observé et noté comment la fenêtre était placée.

C'était la dernière à gauche en regardant la maison : la plus rapprochée, par conséquent, d'une des deux ruelles qui coupaient à angle droit la rue de la Huchette, et elle s'ouvrait immédiatement sous la gouttière du toit.

Donc, pour arriver à ce logement — le seul qui parût être occupé — il fallait monter tout en haut de l'escalier et s'adresser à gauche.

Si Alain ne demeurait pas là, Hervé trouverait du moins à qui parler.

Il entra donc bravement dans cette allée où on n'y voyait goutte et, en poussant jusqu'au bout, il finit par mettre le pied sur une marche déjetée et la main sur une rampe branlante.

Le plus fort était fait. Il tenait maintenant le fil conducteur et il n'avait plus qu'à le suivre jusqu'au bout.

Il pesta bien un peu contre le pauvre diable qui campait dans un taudis où on risquait de se casser le cou quand on venait le voir, mais il se reprocha aussitôt ce mouvement d'impatience et il continua son escalade en se disant que ce n'était pas la faute d'Alain, s'il était si mal logé.

Hervé fit à tâtons la première partie du chemin; puis, les ténèbres s'éclaircirent. A chaque étage, il y avait ce que, dans la langue des propriétaires d'immeubles, on appelle un jour de souffrance, c'est-à-dire une étroite ouverture garnie d'un vitrage et recevant un peu de lumière par la cour de la maison.

Au château de Trégunc, l'escalier d'une des tours, bâtie au seizième siècle, était éclairé de la même façon par des barbacanes percées dans l'épaisseur du mur.

La ressemblance s'arrêtait là, mais il n'en fallut pas davantage pour rappeler à Hervé le manoir où il était né.

Cette évocation du passé ne dura d'ailleurs que le temps qu'il mit à atteindre le dernier palier.

Là, il s'arrêta pour reprendre haleine et il vit, se faisant vis-à-vis, deux portes, dont une n'avait pas de serrure.

L'autre n'avait pas de sonnette, mais il y heurta, sans hésiter.

Elle ne s'ouvrit pas à la première sommation, et après avoir un peu attendu, Hervé recommença en frappant plus fort.

Cette fois, il entendit qu'on marchait dans l'intérieur de l'appartement, mais comme on n'ouvrait toujours pas, il cria très haut :

— Je cherche Alain Kernoul. Est-ce ici ?

— Qu'est-ce que vous lui voulez ? demanda une

voix connue d'Hervé qui s'empressa de répondre :

— Je veux te voir, mon gars. Ouvre à ton maître.

L'effet de cette déclaration fut immédiat et décisif. La porte s'ouvrit toute grande et Alain se montra. Il n'était plus habillé en troubadour, mais peu s'en fallut que Scaër n'éclatât de rire en le voyant affublé d'une peau de bique en guise de robe de chambre, culotté d'un maillot sale et chaussé de savates éculées.

Son costume était comme une enseigne qui indiquait tout à la fois sa nationalité, sa profession et sa misère : Bas-Breton, figurant au théâtre et va-nu-pieds à la ville.

— Vous ici, notre maître ! s'écria le pauvre diable.

— Il faut bien que j'y vienne, puisque tu ne viens pas chez moi, répondit brusquement Hervé. Pourquoi ne t'ai-je pas vu depuis deux jours ?

— Excusez-moi, Monsieur. C'est que ma femme a été bien malade. Je ne pouvais pas la laisser seule.

— Bon !... et ton théâtre ?

— J'ai manqué mon service hier et avant-hier. Je le ferai ce soir, si on veut bien me reprendre.

— Alors, elle va mieux, ta femme ?

— Pas beaucoup mieux. Cette nuit, j'ai cru

qu'elle allait passer... elle étouffait... mais la crise est finie... maintenant, elle dort.

— Ne la réveillons pas.

— Oh! elle ne dort jamais longtemps... malheureusement. Et elle sera bien contente de vous remercier. Je lui ai tout raconté... elle sait que je vous ai rencontré au bal, que vous m'avez donné vingt francs et que j'ai eu la chance de vous débarrasser d'un gueux qui allait vous tomber dessus. Elle se souvient très bien de vous avoir vu à Concarneau, il y a trois ans.

— Peste ! quelle mémoire!... Je ne suis entré qu'une fois dans la baraque où elle dansait et je ne lui ai pas parlé.

— Eh! bien, elle vous a remarqué tout de même... elle prétend qu'elle vous reconnaîtrait... et depuis que je lui ai dit que vous me permettriez de revenir travailler sur votre ferme de Lanriec, elle ne fait que prier le bon Dieu pour vous.

— Je lui revaudrai ça... et à toi aussi, mon gars. Vous pouvez compter sur moi tous les deux et je vais la recommander à une dame qui lui viendra en aide. Si ta malade peut être sauvée, on la sauvera... mais tu habites une drôle de maison... pas de portier... pas d'éclairage... j'ai eu bien de la peine à te dénicher ici.

— Je m'y suis mis parce que je n'avais pas le choix. On ne voulait de nous nulle part et on nous a permis de demeurer ici pour rien.

— Comment !... il existe à Paris un propriétaire qui loge les gens gratis !

— Oui, notre maître, c'est comme ça. Je ne paie pas un sou de loyer, ni pour l'appartement, ni pour les meubles.

— Quoi ! s'écria Hervé, les meubles aussi gratis !

— Oh ! ils ne sont pas beaux, mais j'ai été bien heureux de les trouver. On nous avait chassés du garni où nous logions, et nous étions sur le pavé, à l'entrée de l'hiver. Pour Zina, c'était la mort. Nous chantions dans les cours, quand on voulait bien nous le permettre, mais nous ne gagnions pas toujours de quoi manger et il nous est arrivé plus d'une fois de coucher dehors sur un banc.

— Quel miracle vous a tirés de cette misère !

— Un miracle ?... oui... c'en est un. Figurez-vous qu'un soir, nous crevions de faim et nous rôdions devant les cafés du boulevard Saint-Michel... nous n'osions pas demander l'aumône, mais nous espérions qu'on nous la ferait... les étudiants ont bon cœur... malheureusement il pleuvait et il ne passait presque personne. Eh ! bien, le bon Dieu voulut qu'une dame s'arrêta et nous parla. La figure de Zina lui avait plu. Elle nous questionna. Je lui dis que nous étions dans la peine, sans argent, sans abri, et que nous ne demandions qu'à travailler pour gagner notre vie. Elle voulut savoir si nous étions de Paris. Je lui répondis que nous venions d'arriver de la province et que nous n'y connaissions personne. Là-dessus, elle nous dit : je ne me charge pas de vous nourrir, mais je puis vous loger. Venez avec moi.

— Et elle vous amena ici ?

— Tout droit. Elle avait dans sa poche la clef de la porte de la rue, la clé de l'appartement que vous voyez, des allumettes et un rat de cave pour monter l'escalier, car la maison était déjà abandonnée. Elle nous fit entrer ; elle nous montra les quatre pièces et le mobilier du logement. Enfin, elle nous dit : le propriétaire voyage à l'étranger, il ne reviendra que dans un an ; il a des raisons pour ne pas louer sa maison pendant son absence, mais il m'a chargé d'y installer un gardien. Je ne vous connais pas encore, mais vous m'inspirez confiance et je vous offre l'emploi. Il sera bien facile à remplir, car vous n'aurez qu'à surveiller et à me rendre compte...

— Surveiller quoi ?

— Ah ! voilà !... cette dame m'expliqua que la propriété se composait de quatre corps de logis formant un carré, avec des façades sur trois rues et sur le quai Saint-Michel... que toutes les portes étant condamnées, excepté celle de la rue de la Huchette par laquelle nous venions d'entrer, personne ne pourrait s'introduire à notre insu, dans les bâtiments qui entourent la cour centrale.

Nous serions là pour avertir la dame si nous nous apercevions qu'on y pénétrait, et pour lui signaler tout ce qui s'y passerait. A cette condition, nous aurions sans rien payer la jouissance du logement et des meubles, jusqu'au retour du propriétaire absent, c'est-à-dire pour un an.

— Tu t'es empressé d'accepter?

— Oui, notre maître. Ai-je mal fait ?

— Je ne dis pas cela. Et tu l'as revue, cette charitable gérante d'immeubles qui vous héberge pour rien ?

— Pas souvent. Elle vient à peu près une fois par mois et elle ne reste pas longtemps. Elle est est venue la semaine dernière et en voilà pour trois semaines. Mais s'il y avait du nouveau ici, je lui écrirais.

— Alors, tu sais qui elle est.

— Je ne sais que l'adresse qu'elle m'a donnée... Mme Chauvry, à Clamart.. elle m'a défendu d'aller la voir.

— Décidément, c'est un vrai roman que cette histoire, et cette femme me fait l'effet de ne pas valoir grand'chose. Pourquoi tant de précautions et tant de mystères ?

— Ma foi ! notre maître, je n'en sais rien et je ne cherche pas à le savoir... mais je la bénis tous les jours. Sans elle, ma pauvre Zina serait morte de misère. Elle ne va guère bien, mais nous avons eu de bons jours quand elle avait encore la force de travailler et j'espère que le printemps la remettra. Je ne me déplais pas ici, mais quand je pourrai partir avec elle pour Lanriec, je serai bien content de rendre les clés à Mme Chauvry... en la remerciant... et je ne lui dirai pas où nous allons.., pas plus que je ne lui ai dit que j'étais du Finistère et que Zina dansait sur la corde... Moins on parle, mieux ça vaut.

— Approuvé, mon gars. Je suppose que tu ne parleras pas de ma visite.

— Oh! non... d'autant que la dame m'a bien recommandé de ne recevoir personne et de voisiner le moins possible. C'est ce que je fais... et c'est tout au plus si on connaît ma figure dans le quartier, car je ne sors guère que pour aller à mon théâtre et pour acheter des remèdes... quand j'ai de quoi payer le pharmacien. Zina ne bouge plus de sa chambre depuis un mois.

Ce colloque se tenait dans une pièce dépourvue de meubles et éclairée par une fenêtre unique donnant sur la cour, une cour carrée, dominée des quatre côtés par de hauts bâtiments. Cela ressemblait au préau d'une prison.

Les murs s'effritaient et l'herbe poussait entre les pavés.

— Parbleu ! dit Hervé, voilà un immeuble où les voleurs ne seront pas tentés d'entrer par escalade ou par effraction. Ils n'y trouveraient rien à prendre. C'est à se demander s'il a jamais été habité... et le propriétaire, s'il compte y demeurer en revenant de voyage, aura fort à faire pour s'y installer commodément. Quelle drôle d'idée il a eue d'y placer quelqu'un pour garder des ruines ! Et quelle surveillance peux-tu exercer du haut de ton cinquième étage sur cette grande caserne ? As-tu seulement le moyen d'y faire des rondes ?

— J'ai la clef d'une porte qui est en bas, au fond de l'allée par laquelle vous êtes arrivé, et cette porte s'ouvre dans la cour que vous voyez.

— T'en es-tu servi, de la clef ?

— Une seule fois... en rentrant du théâtre, après minuit. J'ai cru apercevoir d'ici de la lumière au rez-de-chaussée du bâtiment qui est à notre gauche. Ça m'a étonné et je suis descendu. Quand je suis entré dans la cour, la lumière avait disparu. J'ai écrit dès le lendemain à M™ Chauvry. Elle est venue ici deux jours après et elle m'a dit que j'avais rêvé. J'ai fini par croire que j'avais pris pour une illumination le reflet de la lune sur les vitres... cette nuit-là, elle était dans son plein, la lune, et tout en haut du ciel... depuis, je n'ai plus jamais rien vu...

— Je ne comprends toujours pas pourquoi cette femme t'a mis dans ce logement. Peu importe, d'ailleurs, puisque ta malade en a bénéficié, mais j'espère lui trouver prochainement un domicile plus confortable, en attendant que tu t'établisses avec elle à Lanriec.

— Je voudrais que ce fût demain.

— Et ce ne sera guère avant la fin de l'été, car je tiens à être là pour vous installer et je vais voyager pendant quelques mois. Maintenant, mon gars, parlons un peu de ce coquin dont tu m'as débarrassé sur la place Vendôme. Tu ne l'as pas revu ?

— Non, Monsieur Hervé. Et vous ?

— Pas davantage. Je pensais bien qu'il n'aurait pas l'audace de se présenter chez moi.

— Il aurait pu vous suivre dans la rue...

— Je crois bien que je ne l'aurais pas reconnu.

— Oh ! non... vous n'avez fait que l'entrevoir au bal... et d'ailleurs il change de figure à volonté.

— Avant-hier, dimanche, sur le boulevard de la Madeleine, il m'a semblé un instant qu'un individu me suivait ; j'ai dû me tromper, car il a disparu presque aussitôt, mais un homme averti en vaut deux et j'ouvre l'œil quand je sors. Le principal, c'est que ce gredin ne s'occupe pas de toi, mon brave. Moi, je saurai me garder.

— Vous ferez bien, notre maître, car on ne m'ôtera pas de l'idée qu'il vous en veut... je ne sais pas pourquoi, par exemple.

Hervé, lui, le savait bien, mais il ne jugea pas à propos de raconter à Alain l'histoire du carnet volé qu'il avait trouvé dans la poche de son habit et qui y était encore, car il aimait mieux le porter sur lui que de le serrer dans un meuble qu'on aurait pu forcer pendant son absence.

Hervé s'était juré de ne parler à qui que ce fût de cet incident bizarre, et il n'avait pas tort.

Alain ne disait plus mot. Un bruit le fit tressaillir.

— C'est Zina qui tousse, murmura-t-il. Voulez-vous la voir ?

— Je suis venu pour cela, mais si ma visite devait l'agiter...

— Non... non... au contraire... elle nous a entendus à travers la cloison et ne sachant pas qui est là, elle se tourmente, j'en suis sûr.

— Alors, conduis-moi près d'elle.

Le gars aux biques ouvrit doucement une porte et s'effaça pour laisser passer le seigneur de Scaër.

Zina était assise près de la fenêtre, dans un de ces sièges à bascule que les Américains appellent *rooking-chairs*, et qui sont plutôt faits pour balancer une créole paresseuse, que pour reposer une malade fatiguée d'être au lit.

Elle avait dû être charmante et ses traits amaigris n'avaient rien perdu de leur régularité. Le profil surtout était resté pur et la pâleur de son visage faisait encore ressortir l'éclat de ses yeux où brillait le feu de la fièvre.

Hervé s'approcha d'elle, le sourire aux lèvres, quoique ce triste spectacle l'eût profondément remué.

— Merci d'être venu, Monsieur, lui dit-elle d'une voix faible comme un souffle. Je vous attendais.

— Vous me reconnaissez donc ?

— Oh ! oui... vous n'avez pas changé, tandis que moi...; mais je me sens mieux, puisque je vous vois.

— Vous irez mieux encore quand vous serez en Bretagne.

— C'est donc vrai !... je pourrai mourir dans le pays d'Alain !

— J'espère bien que vous n'y mourrez pas. Je compte même que vous serez guérie avant d'y aller, car vous aurez maintenant les soins qui vous ont manqué jusqu'à présent. Vous me permettrez de vous faire transporter dans une maison de santé.

Et comme la jeune fille regardait Alain, Scaër se hâta d'ajouter :

— Vous verrez votre ami tous les jours, je vous le promets. Et je ferai en sorte qu'il ne soit plus obligé de gagner misérablement sa vie, en figurant sur un théâtre. Il a sauvé la mienne. Je serai toujours son obligé... mais ne parlons pas de cela, et laissez-moi m'émerveiller de l'aventure qui vous a procuré cet abri. Étrange logis !.. Étrangement meublé !.. Plus étrange encore la femme providentielle que vous avez rencontrée sur le boulevard Saint-Michel ! Et je me demande qui a pu habiter ici avant vous.

— Personne, je crois bien, dit Alain. Les meubles avaient l'air d'avoir été emmagasinés pêle-mêle après le décès d'un locataire. Et ils ne valaient pas la peine que je me suis donnée pour les raccommoder. Ils ne tenaient pas debout. Le lit n'avait que trois pieds, et les chaises n'en avaient plus du tout. Eh ! bien, il a un avantage, ce pauvre logement... il est au midi, et dès qu'il fait un rayon de soleil, Zina en profite.

— C'est si bon, le soleil, murmura la malade.

— Et puis on a une vue superbe, par-dessus les maisons... la tour de l'église Saint-Séverin, le clocher de Saint-Étienne-du-Mont, le dôme du Panthéon... et de l'air, du bon air qui fait tant de bien à Zina.

— Alors je vais ouvrir la fenêtre, dit Hervé, après avoir consulté des yeux la jeune femme.

Il l'ouvrit toute grande et la malade le remercia d'un signe de tête.

Alain avait dit vrai : la vue était très étendue et surtout très originale.

La maison où perchait le pauvre ménage dominait toutes celles qui lui faisaient vis-à-vis de l'autre côté de la rue. Sur la rive gauche de la Seine, le terrain s'élève en pente douce depuis la rivière jusqu'au sommet de la montagne Sainte-Geneviève et, au-dessus des toits accidentés qui s'étageaient comme les vagues d'une mer houleuse, où les cheminées figuraient assez bien des récifs, se dressait la colossale coupole du Panthéon.

Ce paysage étrange ne rappelait pas du tout à Hervé les landes fleuries de sa Bretagne, mais Hervé prit plaisir à le contempler, parce que le spectacle était nouveau pour un homme qui n'a jamais logé dans un grenier, — même à vingt ans.

C'était Paris vu d'en haut, comme le voient les oiseaux qui volent dans le ciel et les ouvrières qui travaillent dans les mansardes.

Au-dessous de cet observatoire, où Zina cultivait des fleurs, au mépris des règlements de police, s'étendait, comme un fossé profond, la rue de la Huchette, étroite et sombre, presque silencieuse, car les voitures n'y passent guère, et, même le mardi gras, on n'y rencontre pas de mascarades.

En avançant la tête, Hervé vit à sa droite une coupure et reconnut une ruelle devant laquelle il avait passé en venant du boulevard Saint-Michel.

Le logement occupait un des angles du quadrilatère et devait avoir aussi des ouvertures sur cette voie latérale qui aboutissait au quai.

— Décidément, vous êtes ici comme dans une citadelle... pas de voisins... pas de murs mitoyens... personne n'entrera chez toi sans ta permission... surtout si, quand tu t'absentes, tu as soin de fermer la porte de la rue de la Huchette.

— Je n'y manque jamais, notre maître. Vous l'avez trouvée ouverte parce que je venais de rentrer, mais, le soir, quand je sors pour aller au théâtre, je la ferme à double tour et j'emporte la clef.

—Et tu n'as pas peur de laisser ta petite femme toute seule !

— J'y suis habituée, dit la malade en souriant tristement. Il faut bien que mon cher Alain gagne notre vie, puisque je ne peux plus travailler... mais, je l'avoue, je préférerais qu'il eût un autre état.

— Comment diable ! a-t-il eu l'idée de se faire figurant ?

— Quand notre patron m'a renvoyée, parce que je ne pouvais plus danser, le garçon qu'il a engagé pour remplacer Alain a eu pitié de nous. Il avait joué des bouts de rôles au Châtelet. Il nous a adressés au régisseur qui n'a pas voulu de moi, mais qui a pris Alain tout de suite.

— Et Alain s'est fait au métier......, lui, un gars de Trégunc, qui ne savait que garder les chèvres et qui ne parlait que le bas-breton !

— Pardon, notre maître, dit Alain ; en voyageant avec la troupe du vieux Zika, j'avais appris à faire la parade devant la baraque. C'est plus difficile que de figurer.

— D'accord ; seulement, je ne te vois pas bien en homme d'armes du moyen âge ou en seigneur de la cour de Louis XIV... et je te vois encore moins en paillasse. Mais il ne s'agit pas de cela ; il s'agit de guérir ta femme. As-tu seulement un médecin qui la soigne?

— Hélas ! non, Monsieur Hervé. Elle allait à la consultation gratuite... à l'Hôtel-Dieu... elle n'y va plus... elle n'aurait plus la force de descendre et de remonter cinq étages.

— Donc, il faut qu'elle sorte de ce grenier... et le plus tôt sera le mieux. Dès demain, je m'occuperai de la faire admettre dans une maison de santé.

Et comme Alain baissait le nez, sans mot dire :
— Bon ! reprit Hervé, je devine... tu ne veux pas te séparer d'elle. Eh ! bien, qu'à cela ne tienne ! Je vous trouverai un logement que vous habiterez tous les deux et où rien ne manquera à ta chère malade. Tu ne tiens pas à rester ici, je suppose ?

— Oh ! non.

— Et tu veux bien entrer à mon service ?

— Oh ! oui.

— Alors, je te prends, dès à présent... et quand je dis : à mon service, je n'entends pas : comme domestique. Le fils de Pierre Kernoul n'est pas fait pour porter la livrée et je n'ai pas besoin de valet de chambre, puisque présentement je demeure à l'hôtel; mais je puis avoir besoin d'un homme dévoué... quand ce ne serait que pour veiller au grain, comme on dit chez nous. Ce chenapan qui m'a suivi l'autre nuit recommencera peut-être. Tu seras mon garde du corps.

— Oh! pour ça, notre maître, comptez sur moi.

— Et, je te le répète, tu ne quitteras pas ta femme. Je vous caserai dans mon quartier, près de la place Vendôme. Tu viendras tous les matins prendre mes ordres pour la journée, mais tu ne seras plus obligé d'aller figurer, le soir, sur la scène du Châtelet... ni de te déguiser en clodoche, ajouta gaiement Hervé. Je pense que ça ne te fera pas de peine.

Alain ne répondit que par un geste expressif. Il était si ému que les mots ne lui venaient pas pour remercier.

Zina pleurait de joie.

— C'est convenu, reprit Scaër, et ce sera l'affaire de quelques jours. En attendant que vous déménagiez, je reviendrai vous voir... et je vous amènerai peut-être une dame qui s'intéresse aux malades... Mais non, au fait! celle qui vous héberge gratuitement vous a recommandé de ne recevoir personne... il faut éviter de la mécontenter, tant que vous serez chez elle... mais quand tu partiras, mon gars, tu feras bien, je crois, de ne pas lui dire où tu vas. Je ne sais pourquoi cette bienfaitrice d'occasion m'est suspecte.

— Je n'oserais pas m'en aller sans l'avertir.

— Et bien! la veille du jour où je viendrai vous chercher, tu lui écriras pour lui annoncer, sans autre explication, que vous êtes obligés de quitter Paris.

— Oui... seulement, il y a les clefs qu'elle m'a confiées.

— Ce serait peut-être le cas de les mettre sous la porte. Elle n'aurait rien à dire. Mais, après tout, elle vous a rendu service... et tu pourras les laisser à quelque boutiquier du voisinage. Nous verrons cela quand vous partirez. Maintenant, je m'en vais... et je n'ai pas perdu ma journée puisque nous sommes d'accord... mais cette espèce de caserne abandonnée m'intrigue... je voudrais en faire le tour extérieurement... je ne serais même pas fâché de visiter la cour où tu es descendu une nuit, au clair de la lune.

— Je vais vous y conduire, notre maître.

— Vous ne m'en voudrez pas de l'emmener, demanda doucement Hervé en s'adressant à la malade.

Il ne lui avait pas encore dit : « Madame » et

il ne l'appelait pas non plus par son petit nom de Zina.

— Je ne vous en veux pas et je vous bénis, murmura-t-elle en lui tendant une main si fine et si blanche que le baron de Scaër se décida à répondre :

— Croyez, chère Madame, que je suis votre ami et traitez-moi comme tel, toujours et en toute occasion.

Il n'alla pas jusqu'à la baiser, cette main, comme il avait baisé, rue de Lisbonne, l'aristocratique main de la marquise de Mazatlan. La situation n'était pas la même et, au cinquième étage, cette politesse de l'ancien régime eût été ridicule, mais il la serra avec effusion, presque avec tendresse, comme il aurait serré la main d'une jeune fille de son monde, éprouvée par le sort et restée digne de respect.

Alain n'en revenait pas d'entendre son jeune maître parler si courtoisement à la pauvre Zina. En Cornouailles, les seigneurs ne sont pas fiers, mais ils n'ont pas coutume de donner aux femmes de leurs paysans des poignées de main à l'anglaise. Et de cette démonstration affectueuse, le *gars aux biques* inféra que M. de Scaër, qui devait s'y connaître, voyait que Zina était d'une race supérieure à sa condition présente.

C'était à peu près ce que pensait Hervé, mais pour le moment il avait en tête d'autres soucis que celui de rechercher l'origine d'une enfant volée par des saltimbanques, et il se hâta de sortir avec Alain, non sans avoir dit encore quelques bonnes paroles à la jeune femme, clouée sur son fauteuil.

Le maître et le serviteur eurent tôt fait de descendre au rez-de-chaussée et là, Alain, après avoir poussé jusqu'au fond de l'allée noire, ouvrit, avec une clef qui grinça dans la serrure rouillée, la porte de la cour intérieure.

Hervé entra le premier et se mit à regarder curieusement les hauts bâtiments qui l'entouraient. Il n'y remarqua rien qu'il n'eût déjà vu de la fenêtre du logement occupé par Alain, mais il put constater que la cour avait été autrefois divisée en quatre compartiments, — un pour chaque corps de logis. On voyait encore les trous creusés dans le pavage pour y planter les grilles de séparation.

Donc, primitivement, il y avait eu là quatre maisons distinctes qui n'en faisaient plus qu'une et qui devaient appartenir maintenant au même propriétaire.

Il y avait aussi quatres portes, en comptant celle qu'Alain venait d'ouvrir, quatre portes, dont trois paraissaient être condamnées depuis longtemps, car les araignées avaient fait leurs toiles dans les jointures.

Toutes les fenêtres étaient closes par des volets, excepté au rez-de-chaussée du bâtiment de gauche où existaient deux longues baies garnies de vitrages poudreux, par lesquelles prenait jour un local qui pouvait bien être un magasin.

C'était derrière ces vitrages qu'une nuit Alain avait cru apercevoir de la lumière. Il le dit à Hervé, qui s'écria :

— Tu as dû te tromper. Par où diable serait-on entré là-dedans?

— Probablement par la rue, répondit le gars aux biques. Il y a aussi des portes en dehors... c'est vrai qu'elles n'ont pas l'air de s'ouvrir souvent... vous verrez...

— Allons voir.

Ils sortirent de la cour. Alain donna un tour de clé et conduisit son maître dans la rue de la Huchette où, en ce moment, il ne passait personne ; puis il le mena, en longeant la façade de la maison carrée, jusqu'à l'entrée d'une ruelle si étroite que trois hommes auraient eu de la peine à y passer de front.

— Rue du Chat-qui-Pêche, lut Hervé sur une plaque municipale. Drôle de nom et drôle de rue !... On dirait une entaille dans un bloc de pierre... et elle n'est pas beaucoup plus longue qu'elle n'est large.

Le quai Saint-Michel était au bout, à vingt pas, et, de l'autre côté de la Seine, se présentait en plein soleil une caserne récemment construite dans la Cité.

— Oh ! les noms ! grommela le gars aux biques ; je ne sais pas où les Parisiens vont les chercher. Tenez, notre maître !... l'autre venelle, là-bas, juste sous la croisée de notre logement... ils l'ont appelée rue Zacharie... Et ils se moquent des saints de chez nous parce qu'ils ont des noms bretons... je vous demande un peu ce que c'est que ça : Zacharie !... C'est pas un chrétien, bien sûr.

Hervé ne répondit pas.

Alain venait, bien involontairement, de réveiller dans l'esprit de son maître un souvenir encore vague, — pas même un souvenir ; une réminiscence, — et ce maître s'efforçait de se rappeler où il avait déjà vu ou entendu ce nom biblique.

De toutes les facultés de l'esprit, la mémoire est la plus singulière et aussi la plus complexe. Elle manque absolument à certains hommes, tandis qu'elle surabonde chez d'autres. Elle varie avec l'âge et les circonstances de la vie. Enfin, elle dépend surtout des impressions extérieures, — celles qu'on perçoit par les sens, — et elle fonctionne mécaniquement.

La partie du cerveau qui en est le siège est comme un réservoir où s'emmagasinent les souvenirs. Ils dorment pêle-mêle jusqu'au moment où quelque choc en fait remonter un à la surface. Et ce choc est presque toujours produit par un objet ou par un son, par la vue ou par l'ouïe.

Ainsi, lorsqu'on retrouve tout à coup un mot oublié, c'est tantôt parce qu'on l'a déjà entendu prononcer, tantôt parce que l'assemblage des lettres qui le composent a déjà passé sous les yeux de celui qui le revoit.

Et plus cet assemblage est bizarre, plus on le retient facilement.

Le grand romancier Balzac prétendait que chaque nom avait une physionomie particulière et il n'avait pas tort.

Alain venait de citer successivement la rue de la Huchette, le quai Saint-Michel et même la rue du Chat-qui-Pêche, sans que Scaër prît garde à ces appellations dont l'une cependant, — la dernière, — était toute nouvelle pour lui. Pourquoi donc Scaër se préoccupait-il de la rue Zacharie, moins étrangement nommée que la ruelle voisine?

Évidemment, parce que la configuration du mot l'avait déjà frappé dans une autre occasion.

De la place où il s'était arrêté, il apercevait ce mot inscrit en lettres blanches sur une plaque bleue, ou du moins il en apercevait la première syllabe, car l'angle de la maison où logeait Alain lui cachait le reste de l'inscription.

Et, sans qu'il s'expliquât pourquoi, c'était cette première syllabe qui lui rappelait confusément un souvenir que son esprit en travail cherchait à préciser.

C'était comme dans les histoires de revenants: un brouillard, une vapeur, aux contours indécis, qui se condense peu à peu et qui finit par prendre la forme d'un fantôme.

Hervé n'en était qu'au brouillard.

Alain, ne sachant que penser de la profonde méditation où son maître restait plongé, craignait de l'avoir offensé et n'osait plus ouvrir la bouche.

Hervé jugea que la mémoire ne lui reviendrait pas complètement, tant que le gars aux biques serait là.

Pour fixer un souvenir qui vous fuit, il faut être seul.

— Va retrouver ta chère malade, lui dit-il, et prends ceci, en attendant que tu déménages.

Il avait tiré de son portefeuille un billet de cent francs qu'il mit dans la main d'Alain et il reprit:

— Ne me remercie pas et remonte chez toi bien vite.

Alain obéit. Au ton de son maître, il avait compris que ce n'était pas le moment de lui rendre grâces, et il disparut dans l'allée, sans dire un seul mot.

Scaër, après l'avoir escorté jusqu'à la porte, continua de cheminer vers le boulevard Saint-Michel, les yeux toujours fixés sur la plaque municipale qui portait ce nom de Zacharie dont la première syllabe avait un certain air cabalistique. Il la regardait à peu près comme le roi Balthazar dut regarder les mots : « Mané-Thécel-Pharès » qui troublèrent si désagréablement son festin.

Et il était tellement absorbé par cette contemplation, — hypnotisé, diraient les gens qui n'aiment pas à parler comme tout le monde, — qu'il avait oublié de rengainer le portefeuille où il venait de puiser.

En le mettant dans la poche de sa redingote, ses doigts touchèrent un objet qu'il y avait laissé et qui tenait peu de place : le carnet, le fameux carnet volé qu'il portait toujours sur lui, depuis l'avant-veille.

Il n'en fallut pas davantage pour que les réminiscences qui hantaient sa cervelle prissent subitement un corps.

Il se rappela tout à coup que c'était sur un des feuillets de ce carnet qu'il avait vu la syllabe, l'énigmatique syllabe dont il devinait le sens, depuis que, pour compléter le mot, il n'avait qu'à regarder la muraille.

Il n'était cependant pas absolument sûr de ne pas se tromper et il s'empressa de vérifier, en se félicitant d'avoir renvoyé Alain qui l'aurait gêné.

Il n'eut pas de peine à retrouver les pages où figuraient les indications mystérieuses et il n'eut pas plutôt revu la première que l'explication du plan qu'on y avait tracé lui sauta aux yeux.

Les trois rues et le quai y étaient marqués par des lignes droites, entre-croisées, et les légendes tronquées : *Zach.* et *Huch.* s'appliquaient certainement à la rue Zacharie et à la rue de la Huchette.

C'était si évident que Scaër s'étonna de ne pas avoir deviné, quand il avait feuilleté le carnet pour la première fois, car, à ce moment, Alain lui avait donné son adresse : rue de la Huchette, 22. *Huch.* était la moitié de Huchette. Il n'y avait pas songé. Il est vrai qu'Alain ne lui avait pas parlé de la rue Zacharie.

Maintenant, une indication complétait l'autre, et après avoir visité les rues désignées en abrégé sur l'agenda, il ne douta plus que le carré marqué sur le plan ne représentât l'immeuble où Alain et sa malade étaient logés.

Cette découverte n'éclaircissait pas le mystère.

Qu'un drame se fût passé là, et qu'on y eût caché le produit où la preuve d'un crime, c'était possible. Et il était permis de supposer que l'hospitalière gérante savait à quoi s'en tenir sur ce point. On pouvait même admettre que si elle y hébergeait gratis le pauvre ménage du gars aux biques, c'était afin d'empêcher les gens trop curieux de s'introduire dans la maison et aussi afin d'être promptement informée au cas où la police s'aviserait d'y envoyer quelque architecte, sous prétexte que le bâtiment menaçait ruine. Mais que conclure de tout cela et par quel lien l'histoire de cette femme se rattachait-elle à l'histoire du carnet volé au bal de l'Opéra? La lettre trouvée dans ce carnet était adressée à un homme, puisqu'elle commençait par : « Mon cher associé. »

Il n'y était pas du tout question de cette M*me* Chauvry qui avait racolé Alain et Zina sur le boulevard Saint-Michel. Et pourtant cette femme devait tenir quelques-uns des fils de l'intrigue compliquée de cette pièce à plusieurs personnages.

Et celle-là, on pouvait la retrouver. Elle avait donné son adresse à ses locataires d'occasion, et si elle n'habitait pas Clamart, elle devait y être connue, puisqu'elle y recevait ses lettres. Elle avait défendu à Alain de venir l'y voir, mais rien n'empêchait Hervé d'y aller prendre des informations.

Et d'ailleurs, même à Paris, c'est le pont aux ânes que de découvrir à qui appartient un immeuble. Au bureau du percepteur, on sait bien à quel nom les impositions sont portées sur les rôles et par qui elles sont payées.

Donc, il ne tenait qu'à Hervé de se renseigner.

Il y songeait lorsqu'il se posa à lui-même une

question : Quel intérêt sérieux avait-il à connaître le fond de cette affaire ?

Il aurait pu s'amuser à le chercher comme on s'amuse à deviner un rébus. Mais il avait des préoccupations plus graves, et c'eût été perdre son temps que d'entreprendre des démarches où il risquerait de se compromettre, — peut-être même d'attirer sur lui et sur d'autres la vengeance de gredins dangereux.

— Parbleu ! se dit-il, je serais bien sot de me mettre martel en tête à propos de choses qui ne me regardent pas. J'ai assez d'autres soucis... d'abord, mon mariage, car mon stage commence à m'ennuyer et, s'il se prolongeait, ma situation deviendrait très fausse... à tous les points de vue. Tant que le contrat ne sera pas signé, je ne serai sûr de rien. Je ne doute pas de la parole de M. de Bernage, mais enfin il pourrait se raviser au dernier moment... et puis, sa fille me plaît déjà moins qu'au début de nos relations... elle finirait par ne plus me plaire du tout. Si cela arrivait... je me connais... je ne l'épouserais pas... et alors, je n'aurais plus qu'à m'en aller chercher fortune en Australie, car mes créanciers ne feraient qu'une bouchée de mes terres. Donc, il faut absolument que je presse la conclusion... et on dirait que le diable s'amuse à la retarder. Dimanche, au moment où j'allais aborder la question, j'ai été interrompu par toute une série d'incidents, et, depuis deux jours, j'en suis toujours au même point... pas de nouvelles du père ni de la fille... il est vrai que je n'ai rien fait pour en avoir. Je vais me remettre à l'œuvre, sans plus m'inquiéter de cette espèce de Tour de Nesle de la rue Zacharie. Si je m'intéressais à quelqu'un, ce serait à ma fée du dolmen de Trévic, mais je n'entends plus parler de cette marquise et je ferai peut-être sagement de ne pas courir après elle.

De tous ces raisonnements, Hervé conclut qu'il ne devait s'occuper que d'Alain Kernoul et de sa chère malade. Pour les installer convenablement, il n'avait pas besoin de Mme de Mazatlan, car l'argent ne lui manquait pas encore. Un propriétaire foncier en trouve toujours tant qu'il n'est pas dépossédé de ses immeubles.

Sa chute n'en est que plus profonde quand vient le jour de la liquidation finale, mais, en attendant, il continue à vivre de son bien, en dépit des hypothèques.

C'était le cas du dernier des Scaër, surtout depuis qu'on savait en Bretagne que la dot de Mlle de Bernage allait mettre le châtelain de Trégunc à même de payer toutes ses dettes.

Et, là-dessus, Hervé, à bout de réflexions, reprit le chemin de la place Vendôme, dans la louable intention de rentrer chez lui pour s'habiller avant de se présenter à l'hôtel de Bernage, où il espérait qu'on le retiendrait à dîner.

La marche à pied chassa de son esprit les problèmes qui l'avaient troublé. Quand il arriva à son domicile, il était en excellente disposition pour faire à Mlle Solange une cour empressée et pour aborder avec son futur beau-père la grande question de fixer la date de la cérémonie qui mettrait fin à un état provisoire, pénible pour tout le monde.

L'homme propose et Dieu dispose, dit le plus vrai de tous les proverbes.

Le concierge de l'hôtel du Rhin lui remit une lettre dont il reconnut tout de suite le cachet et l'écriture sur l'enveloppe.

Il l'ouvrit précipitamment et il y lut ceci :

« Cher Monsieur, vous avez bien voulu me dire que, pour me revoir, vous attendriez mes ordres. Je n'en ai pas à vous donner, mais je puis bien vous faire savoir où je passerai ma soirée, aujourd'hui, mardi. J'ai envoyé retenir une loge au théâtre du Châtelet. Je l'occuperai seule et j'y arriverai vers neuf heures. S'il vous plaît de m'y rejoindre, je serai charmée de vous y voir et nous pourrons causer longuement.

« Les gens qui nous connaissent ne s'aviseront pas de venir nous chercher là et j'ai tant de choses à vous apprendre que je tiens beaucoup à ne pas être dérangée.

« J'espère que vous viendrez et que vous ne regretterez pas d'être venu.

« Toutes mes sympathies. »

La marquise n'avait pas signé ; c'était inutile ; mais elle n'avait pas oublié d'ajouter cette indication indispensable : « Avant-scène n° 2. »

Les sages projets d'Hervé ne tinrent pas contre cette invitation inattendue. Il ne songea plus à dîner boulevard Malesherbes. Il ne songea qu'à rencontrer l'amie d'Héva Nesbitt. Elle avait, écrivait-elle, beaucoup de choses à lui apprendre ; il en avait beaucoup à lui demander.

Et il pressentait que cette entrevue allait marquer dans sa vie.

V

Le théâtre du Châtelet, un des plus vastes de Paris, où il y en a tant, n'est pas précisément ce qu'on appelle un théâtre à la mode.

Bâti dans un quartier éloigné des grands boulevards, il attire un public plus nombreux que choisi.

L'Ambigu n'est jamais *chic*, a écrit quelque part Nestor Roqueplan, le Parisien par excellence. Le Châtelet ne l'est pas souvent, mais le beau monde y va très bien aux premières représentations et les demoiselles à ceintures dorées ne dédaignent pas de s'y montrer.

Il y a un corps de ballet, ce qui constitue une attraction pour les viveurs — jeunes et vieux.

Et, dans la salle, si l'elément populaire domine au parterre et aux troisièmes galeries, l'élégance y est presque toujours représentée aux premières loges et aux fauteuils d'orchestre, surtout quand le spectacle en vaut la peine.

Ce n'était pas le cas, quoique la salle fût pleine, le soir de ce mardi gras de 1870.

La pièce était déjà vieille de deux mois et elle n'avait jamais eu beaucoup de vogue.

C'était ce qu'en argot de coulisses on nomme *une grande machine*, quatre actes et vingt-huit tableaux — fabriquée par les fournisseurs accrédités de l'époque — Clairville et Siraudin, — et c'était intitulé : *Paris-Revue*.

Revue par le défilé traditionnel des nouveautés de l'année et par les couplets que chantaient faux des débutantes engagées pour montrer leurs jambes; féerie, par les décors, les cortèges et les changements à vue.

Le premier rôle de femme y était tenu par Céline Montaland, alors dans tout l'éclat de sa jeunesse et de sa beauté, et elle avait pour compère l'excellent acteur Montrouge — *Madame Satan* et *Monsieur Satan* — car l'action se passait en enfer; on n'a jamais su pourquoi. Et autour de ce couple annoncé en vedette sur l'affiche, se démenaient beaucoup de jolies filles, agréablement costumées en diablotins.

Quelques-unes ont fait plus tard leur chemin dans le monde de la galanterie et, dès ce temps-là, elles avaient, en scène, de grands succès de maillot.

Mais le public du mardi gras ne vient pas au théâtre pour lorgner les actrices, et, il se composait surtout de familles bourgeoises en rupture de pot-au-feu, de celles qui s'offrent le spectacle quatre fois par an, quand elles ont donné à leur cuisinière la permission de minuit.

Les viveurs fêtent le carnaval tout autrement, et les femmes du vrai monde restent volontiers chez elles, les jours de réjouissances publiques.

Hervé de Scaër avait donc tout lieu d'espérer qu'il ne rencontrerait au Châtelet ni ses anciens camarades de plaisirs, ni les habitués des salons qu'il fréquentait.

La marquise l'espérait comme lui — elle le disait dans sa lettre — et c'était probablement une des raisons qui l'avaient décidée à choisir ce lieu de rendez-vous.

De toutes les façons de s'isoler à deux, ailleurs que chez soi, la plus sûre, c'est de s'aboucher au milieu d'une foule d'individus qui ne s'occupent pas de vous.

Hervé avait dîné seul dans un restaurant où il n'allait jamais et dîné longuement pour attendre l'heure indiquée par la dame. Après quoi, il était venu à pied, par la rue de Rivoli, en fumant son cigare et en se préparant à l'entrevue qui le préoccupait.

Au lieu d'endosser l'habit, comme il le faisait tous les soirs, il était resté en redingote, à seule fin de moins attirer l'attention dans une salle où les spectateurs en tenue de soirée ne devaient pas abonder.

Quand il arriva devant le théâtre, un entr'acte commençait. Le public sortait en masse et il ne fallait pas songer à remonter le courant de ce flot humain. Hervé se cantonna provisoirement sur la place, près de la fontaine, afin de laisser le torrent s'écouler.

Il se proposait de profiter, pour entrer, du moment où le passage serait libre, avant que la sonnette annonçât le lever du rideau.

Un monsieur qui roulait une cigarette s'approcha pour lui demander du feu, et s'écria, quand il le vit de près :

— Comment! c'est toi ! qu'est-ce que tu fais ici?

Hervé reconnut Pibrac et maudit le sort qui lui jetait encore une fois dans les jambes ce gênant compagnon.

— Décidément, tu te déranges. Depuis qu'on ne te voit plus nulle part, je me figurais que tu passais tes soirées boulevard Malesherbes, et voilà que je te trouve faisant le pied de grue à la porte d'un *boui-boui*.

— Tu y es bien, toi, répliqua Hervé qui ne se souciait pas du tout d'expliquer pourquoi il était venu.

— Oh! moi, c'est différent. J'y suis pour Margot.

— Qui ça, Margot ?

— Une jeune personne que je protége, mon cher, et qui a beaucoup de talent. Elle n'a encore joué que des bouts de rôles, mais je la pousserai. Je suis au mieux avec la direction... à preuve que j'ai mes entrées dans les coulisses. Je t'y mènerai, si tu veux, et je te présenterai Margot... Elle est en diable d'argent.... je ne te dis que ça!

— Tu oublies que j'ai enterré l'autre nuit ma vie de garçon.

— Un drôle d'enterrement!.. tu as refusé de souper avec nous. Et je ne suis pas fâché de te répéter que je ne comprends pas tes scrupules. Parce que tu seras marié cette année, ce n'est pas une raison pour te priver de tout; et si tu continues à poser pour la vertu, je finirai par croire que tu t'amuses à la sourdine. Je m'empresse d'ajouter que je n'y verrais pas d'inconvénient. Mais, après tout, tu as peut-être raison de ne pas vouloir que je te mène sur le théâtre... Bernage y va souvent, car, lui aussi, il est très bien avec la direction... ça se comprend... un capitaliste qui pourrait devenir un commanditaire!

— Tu vois M. de Bernage partout... c'est comme samedi dernier...

— Je le vois là où on le rencontre, et si tu te figures qu'il s'abstient de faire ses farces, à l'Opéra et ailleurs, tu te mets le doigt dans l'œil, mon gars. C'est ton affaire et ça ne me regarde pas. Mais tu peux bien entrer au moins avec moi dans la salle. Il y a une stalle libre à côté de la mienne.

— Merci. J'aime mieux flâner dehors.

— Cette fois, tu as tort. Par extraordinaire, ce soir, elle est pleine de jolies femmes, la salle. Tu aimes les blondes... Eh! bien, j'en ai aperçu une qui est ravissante... elle est seule dans une avant-scène, et si je n'avais pas promis à Margot de l'attendre à la sortie des artistes, après la représentation, j'aurais essayé de... Tiens! on sonne pour le deuxième acte... Margot en est du *deux*... si je n'étais pas à ma place, quand elle dira son couplet, elle chanterait faux et ça nuirait à son avenir dramatique... C'est bien vu?... bien entendu?... tu ne viens pas?... non?.. comme tu voudras!.. Si tu montes au cercle, demain, sur le coup de quatre heures, tu m'y trouveras et nous ferons un piquet..., un *rubicon*, à dix sous le point... ça ne te compromettra pas.

Sur cette conclusion, le joyeux Pibrac tourna le dos à son ami et suivit le monde au théâtre.

Il laissait Hervé très contrarié et assez perplexe.

Rien ne pouvait lui être plus désagréable que tout ce qu'il venait d'apprendre. Pibrac installé à l'orchestre; Pibrac signalant la présence dans une avant-scène d'une blonde qui ne pouvait être que la marquise, c'était vraiment trop de déveine. Il n'aurait plus manqué, pour y mettre le comble, que de se trouver nez à nez avec M. de Bernage.

Hervé était presque tenté de renoncer à rejoindre Mme de Mazatlan. Mais lui pardonnerait-elle de ne pas se rendre à l'appel qu'il avait reçu? C'était douteux, et si elle prenait mal la chose, il aurait perdu une occasion, qui ne se représenterait plus, d'avoir avec elle une explication indispensable.

Toutes réflexions faites, il se dit qu'en prenant certaines précautions, il éviterait d'être vu. On se dissimule assez facilement dans une baignoire profonde, et une fois que les spectateurs auraient repris leurs places, il ne courrait plus risque de faire dans les corridors des rencontres inopportunes.

Il ne s'agissait que d'attendre encore un peu. Dans cinq minutes, le rideau serait levé, l'acte commencé et le chemin libre pour gagner incognito l'avant-scène numéro 2. Juste le temps d'achever son cigare.

Il continua donc à circuler parmi les gamins contemplant l'illumination de la façade, les vendeurs de contre-marques, les ouvreurs de portières et les marchandes d'oranges criant : A trois sous, la belle Valence! à trois sous!

Hervé ne se préoccupait guère de ces industriels de la porte, mais sous le péristyle du théâtre erraient, comme lui, quelques spectateurs peu pressés de s'enfermer dans une salle surchauffée par le gaz, et il crut s'apercevoir que l'un de ces messieurs le regardait à la dérobée, chaque fois qu'il passait près de lui.

Ce coup d'œil jeté, pour ainsi dire, au vol, n'était pas assez accentué pour inquiéter Hervé et, en toute autre circonstance, il n'y aurait pas pris garde, mais ce n'était pas la première fois, depuis quelques jours, qu'il lui arrivait de remarquer un individu qui semblait l'observer.

Il se rappelait très bien que, l'avant-veille, quelqu'un l'avait suivi sur le boulevard de la Madeleine.

Celui-là s'était tenu à distance et n'avait pas tardé à disparaître sans laisser voir sa figure. Hervé n'était donc pas en état de décider si c'était le même qui se retrouvait sur son chemin devant le théâtre du Châtelet, mais il put cette fois dévisager tout à son aise l'homme qu'il croisait à chaque tour de promenade.

C'était un monsieur entre deux âges, convenablement vêtu et complètement rasé, comme un prêtre ou un magistrat. Physionomie sans caractère, de celles qu'on oublie un quart d'heure après qu'on les a vues.

Hervé, à tout hasard, s'efforça de graver dans sa mémoire les traits insignifiants de ce quidam, et coupa court aux rencontres périodiques en exécutant rapidement un quart de conversion qui l'amena devant le bureau du contrôle où il n'eut qu'à donner le numéro de la loge pour qu'on le laissât passer.

Il entra sans se retourner et il enfila le corridor du rez-de-chaussée.

Il n'y rencontra que deux ou trois retardataires qui se hâtaient de regagner leurs stalles, et par la porte mobile qu'ils poussèrent pour entrer à l'orchestre, il put voir que l'acte venait de commencer.

Il aperçut même, au premier rang des fauteuils, Pibrac, armé d'une énorme lorgnette qu'il s'apprêtait à braquer et cherchant des yeux à découvrir des jolies femmes dans la salle, comme un astronome cherche à découvrir au firmament de nouvelles étoiles.

Hervé se serait bien passé de la présence de ce curieux indiscret, mais il n'y pouvait rien et il en prit son parti, en se promettant de redoubler de précautions pour éviter d'être vu.

L'ouvreuse à laquelle il remit son pardessus sourit d'un air fin quand il lui demanda s'il y avait déjà quelqu'un dans l'avant-scène numéro 2, et la lui ouvrit sans bruit, avec des façons presque mystérieuses, des façons de femme de chambre qui introduit, en cachette, un amoureux chez sa maîtresse.

La marquise l'attendait, blottie dans un coin de la loge, le coin le plus éloigné de la scène, et abritée par un écran qu'elle avait eu soin de relever. Elle lui tendit la main, en lui disant à demi-voix :

—Mettez-vous derrière moi et ne vous montrez pas. Il y a ici quelqu'un qui vous connaît.

— Je sais, répondit Hervé en s'asseyant tout près de la marquise. C'est ce garçon que vous avez vu l'autre nuit, au bal de l'Opéra. Je viens de le rencontrer sur la place du Châtelet ; il s'est accroché à moi, et j'ai eu beaucoup de peine à me débarrasser de lui ; mais je ne lui ai pas dit que j'allais entrer.

— Vous avez d'autant mieux fait qu'il m'a beaucoup lorgnée depuis que je suis ici. J'ai été obligée de me cacher derrière cet écran... mais j'espère qu'il a cessé de s'occuper de moi. Enfin, vous voilà ! Je commençais à craindre que vous ne vinssiez pas.

— Ne me dites pas cela, je vous en prie. Votre lettre m'a comblé de joie.

— Je veux bien le croire, mais vous l'avez reçue si tard que vous auriez pu avoir disposé de votre soirée.

— J'aurais tout quitté pour venir et je serais ici depuis une demi-heure, si je n'avais pas été arrêté par ce Pibrac... Mais, laissez moi vous dire combien je suis heureux de vous revoir...

— Et surtout de m'entendre, n'est-ce pas ? Je vous ai promis des explications et vous les attendez avec impatience.

— C'est vrai... mais je tiens moins à vous parler du passé dont vous avez évoqué le souvenir qu'à vous exprimer ma sympathie et...

— L'un n'empêche pas l'autre, interrompit gaiement la marquise. Commençons par la sympathie. Je ne doute pas de votre amitié et vous pouvez compter sur la mienne. Voilà qui est fait. Convenons une fois pour toutes que nous en resterons à ce sentiment réciproque et reprenons, au point où nous l'avons laissée, notre conversation de la rue de Lisbonne.

Hervé ne demandait pas mieux, car, bien qu'il prétendît le contraire, c'était surtout la curiosité qui le tenait, une curiosité rétrospective : le désir d'être renseigné sur le sort d'Héva Nesbitt.

La marquise avait fait sur lui une très vive impression ; il la trouvait charmante, mais il n'en était pas encore à l'admiration passionnée.

— Je vous ai dit, commença-t-elle, que j'ai été la meilleure amie de la pauvre enfant qui vous avait donné sa foi. Il y aura bientôt dix ans qu'elle a disparu. Nous étions à peu près du même âge. Donc, maintenant, je suis vieille.

— Vous me l'apprenez, dit Hervé.

Et il ne mentait pas, car elle avait l'air d'être aussi jeune que Mlle de Bernage, qui n'était pas majeure.

— Héva ne vous a jamais parlé de moi ? demanda-t-elle sans transition.

— Elle m'a parlé quelquefois d'une parente qui s'appelait... Vicky.

— En anglais, Vicky est le diminutif de Victoria... C'est mon petit nom. Ma mère et Mme Nesbitt étaient sœurs. J'ai bien le droit de venger ma tante et ma cousine germaine. Vous m'avez promis de m'y aider.

— Et je tiendrai ma promesse.

— J'y compte bien, quoique...

Il était écrit là-haut que les confidences de la marquise seraient interrompues encore une fois. Elle n'acheva pas la phrase qu'elle venait de commencer par une conjonction restrictive, ou, si elle l'acheva, le reste se perdit dans le fracas de l'orchestre, subitement déchaîné.

L'acte se passait en enfer et, depuis le lever du rideau, la scène n'était encore occupée que par des diables subalternes qui se renvoyaient des coqs-à-l'âne et des calembredaines pour amuser le public, en attendant l'entrée de M. Satan, leur maître. Et c'était cette entrée que les musiciens annonçaient à grand renfort de cymbales et de grosse caisse.

Impossible de continuer à chuchoter dans la loge, tant que tonnerait cet ouragan d'harmonie, et il menaçait de se prolonger, car c'était tout un cortège qui allait défiler, au bruit des fanfares.

Hervé et la marquise se résignèrent à laisser passer la tempête musicale avant de se remettre à la causerie, suspendue au moment même où elle allait devenir intéressante. Provisoirement, ils n'avaient qu'à regarder la mise en scène, et ils n'y manquèrent pas.

Satan parut sous un dais porté par des femmes travesties en pages diaboliques et suivi d'une escouade de démons cornus parmi lesquels Hervé reconnut tout de suite le gars aux biques.

Mme Satan vint à son tour, escortée des dames de sa cour, et cette marche triomphale continua jusqu'à ce que le roi et la reine des ténèbres eussent pris place sur leurs trônes respectifs. Les innombrables figurants des deux sexes se rangèrent des deux côtés de la scène, et les cuivres firent trêve, afin que Satan pût lancer les paroles traditionnelles:

— Que la fête commence!

Dans toute féerie qui se respecte, il y a un ballet, et c'est toujours en ces termes consacrés qu'on l'annonce.

Les divertissements du Châtelet étaient très bien montés, en ce temps-là. La danse classique y tenait moins de place qu'à l'Opéra, mais on y soignait particulièrement les ensembles, et comme les jolies filles n'y étaient pas rares, c'était un spectacle fait à souhait pour le plaisir des yeux.

Hervé ne fut pas tenté de se mettre en évidence pour le mieux voir et la marquise n'eut garde de baisser l'écran protecteur qui l'abritait, mais ils ne se privèrent ni l'un ni l'autre de regarder les évolutions gracieusement réglées des danseuses.

Bientôt même, Mme de Mazatlan eut recours à sa lorgnette, mais ce fut pour la braquer sur les coulisses où se tenaient, entre deux portants, des pompiers, des machinistes et même quelques abonnés privilégiés, fervents amateurs de la chorégraphie de l'endroit, venus pour ne rien perdre d'un pas dansé par leurs protégées.

Hervé ne s'occupait pas de ces messieurs, mais il ne tarda guère à s'apercevoir que le premier figurant de la rangée qui touchait presque l'avant-scène numéro 3 était Alain Kernoul qu'il avait déjà remarqué pendant le défilé. Le gars était si près qu'il aurait pu lui parler et se faire entendre de lui sans trop crier.

C'est à quoi il ne songeait guère, mais il ne pouvait pas s'empêcher d'admirer ce Cornouaillais que l'amour avait tiré du fond de ses landes pour l'amener à Paris et le métamorphoser en comparse de théâtre. Et il s'étonnait de l'aplomb de ce gardeur de chèvres qui semblait n'avoir de sa vie fait autre chose que de brûler les planches, comme on dit au théâtre. En général, les Bas-Bretons ne s'acclimatent pas si facilement. On en voit qui, après leur service militaire, oublient en rentrant au pays tout ce qu'ils ont appris au régiment, y compris la langue française. Il est vrai que celui-là avait pris sur les tréteaux forains l'habitude de paraître en public.

Du reste, il était beaucoup mieux en garde du corps de Satan qu'en troubadour de pendule, ce brave Alain. Ses traits taillés à coup de hache, ses sourcils épais, ses yeux caves et ses dents de jeune loup, qui brillaient sous le rouge dont il s'était barbouillé la figure, faisaient de lui un diable très présentable.

Appuyé sur sa fourche en carton doré, il se tenait raide comme un pieu, le regard fixe et la bouche close, au rebours des autres figurants, ses voisins, qui ne se gênaient pas pour bavarder entre eux et pour échanger des œillades avec les marcheuses.

Évidemment, Alain ne se doutait pas que le maître de Trégunc était à deux pas de lui et il pensait à toute autre chose qu'aux ronds de jambes des ballerines infernales : sans doute à sa chère malade qu'il avait laissée seule dans son pauvre logis — pauvre et suspect, car rien ne prouvait qu'elle y fût en sûreté.

Hervé se demanda pourquoi le gars n'était pas resté près d'elle. Riche maintenant du billet de cent francs que son ancien maître lui avait glissé dans la main en le quittant, Alain n'avait plus besoin de venir au Châtelet pour gagner quarante sous, comme il était allé naguère au bal de l'Opéra, dans l'espoir d'y récolter des gratifications.

Hervé, qui connaissait bien ses compatriotes, savait qu'ils tiennent à l'argent. C'est dans leur sang et ce défaut capital ne leur endurcit pas le cœur. Ils en ont même un autre qui fait plus de tort à leurs qualités natives, l'ivrognerie. Mais celui-là leur vient avec l'âge, et Alain n'avait pas encore eu le temps de le contracter.

Mme de Mazatlan continuait à lorgner obstinément les messieurs embusqués dans les coulisses, et Hervé commençait à s'étonner de la persistance qu'elle mettait à les examiner, lorsqu'elle posa sa jumelle sur l'appui de la loge.

— Ce n'est pas lui, murmura-t-elle.

Hervé entendit. L'orchestre faisait moins de bruit depuis qu'il accompagnait des pas de deux et des pas de quatre, de sorte que, maintenant on pouvait s'entendre en causant dans l'avant-scène, à condition d'élever un peu la voix.

— Oserai-je vous demander de qui vous parlez? interrogea Hervé.

— De quelqu'un que je croyais reconnaître... et qui vient de s'éclipser.

La marquise ajouta, en souriant:

— Et vous, Monsieur, qui donc regardiez-vous avec tant d'attention?... une des jolies diablesses qui se trémoussent sur la scène?...

— Oh! non, ces demoiselles me sont tout à fait indifférentes. Je regardais un diable... qui est là, tout près de nous. Je vais bien vous étonner en vous apprenant que ce diable est né sur mes terres de Cornouailles et qu'il gardait encore, il y a trois ans, les chèvres d'une de mes fermes.

— Il y a trois ans?

— Mon Dieu, oui ; et je vous étonnerais bien davantage si je vous disais comment il est venu échouer sur les planches de ce théâtre. L'histoire est touchante et elle vous intéresserait, j'en suis sûr.

— Je le crois d'autant mieux que je m'imagine avoir déjà vu quelque part la figure de ce garçon.

— Vous devez vous tromper. Où l'auriez-vous rencontré?

— Je ne sais trop. Peut-être dans votre pays. Précisément, j'y suis descendue, il y a trois ans...

— En 1867. J'ai de bonnes raisons pour m'en souvenir.

— Moi aussi. Je n'ai fait qu'y poser le pied, pour ainsi dire, mais je me rappelle les moindres détails de cette excursion. Ainsi, je crois voir encore, assis sur le revers d'un fossé, le jour de ma visite au dolmen de Trévic, un petit pâtre que j'ai questionné et qui m'a dit que la lande sur laquelle je marchais appartenait au baron de Scaër. Il parlait de vous comme le Chat botté du conte de Perrault parlait de son maître, le marquis de Carabas.

— Et il mentait comme mentait le Chat botté, interrompit gaiement Hervé, car en ce temps-là, je n'avais que des dettes.

— Eh bien, ce pâtre ressemblait beaucoup au figurant que vous me montrez. Je serais curieuse de savoir si c'est lui que j'ai rencontré là-bas.

— Je me charge de le lui demander. Je pourrai même vous l'amener, si vous tenez à l'interroger vous-même.

— Oh! oui... après la représentation.

— Je n'ai qu'à lui faire signe... seulement, il faudrait d'abord qu'il me vît, car il ne soupçonne pas que je suis là.

— Tâchez d'attirer son attention, pendant qu'il est à portée.

— Ce ne sera pas difficile... mais je crains d'attirer aussi celle de Pibrac qui trône aux fauteuils d'orchestre...

— Vous avez raison; mieux vaut ne pas nous exposer à ce désagrément. D'autres que ce Pibrac pourraient nous découvrir... d'autant que j'aperçois là-bas, dans la coulisse, un monsieur qui m'inquiète. Il avait disparu... le voilà revenu et je veux m'assurer d'abord que ce n'est pas...

La marquise, sans cesser de regarder ce personnage, avança la main pour reprendre sa lorgnette, mais elle ne réussit qu'à la faire tomber sur les timbales d'un musicien assis juste au-dessous de l'avant-scène. La lorgnette fit tant de bruit en heurtant la peau d'âne que les spectateurs les plus rapprochés tressautèrent dans leurs stalles et que le chef d'orchestre se retourna, furieux.

La marquise, pour éviter de se montrer, aurait fait volontiers le sacrifice de sa lorgnette, mais le timbalier venait de la ramasser ; il s'était levé pour la remettre au maladroit qui avait failli crever sa caisse, et il frappait avec un de ses tampons contre le soubassement de la loge, pour avertir ceux qui l'occupaient.

Les spectateurs riaient, l'instrumentiste maugréait, et du haut de son pupitre le chef d'orchestre brandissait son archet comme pour jeter l'anathème au coupable.

Ce ridicule accident avait troublé ses musiciens qui lâchaient des fausses notes, et même les danseuses, qui manquaient la mesure. Des chut ! énergiques s'élevaient de tous côtés, sans parler des exclamations gouailleuses : « le baissera !... le baissera pas. »

Il s'agissait de l'écran qui restait levé, en dépit des appels réitérés de l'homme aux timbales, et plus les gens de l'avant-scène faisaient la sourde oreille, plus le murmure s'accentuait. On commençait à mal interpréter l'obstination qu'ils mettaient à se cacher et les commentaires inconvenants allaient leur train.

Comique d'abord, l'incident menaçait de tourner en scandale, par la faute d'un sot qui aurait dû se tenir tranquille, sauf à remettre après l'acte, à l'ouvreuse, l'objet tombé qu'on ne lui réclamait pas.

Satan lui-même, — Satan-Montrouge, — du fond de la scène où il trônait, se préoccupait de cet intermède inattendu et Mme Satan s'en amusait de bon cœur.

Hervé sentit qu'il fallait en finir, sous peine de voir intervenir le commissaire chargé de maintenir l'ordre dans le théâtre, et sans consulter Mme de Mazatlan, qui n'était pas en état de le conseiller, il se leva, s'accouda sur le rebord de la loge et reçut des mains du musicien la malencontreuse lorgnette.

Ce dénouement d'une situation grotesque fut salué par des applaudissements ironiques et le seigneur de Scaër se hâta de rentrer dans l'ombre.

Quand il se redressa, ses yeux rencontrèrent ceux de Pibrac, qui leva les bras au ciel pour exprimer sa stupéfaction.

Et, comme un malheur n'arrive jamais seul, Hervé, en se retirant, appuya involontairement sur l'écran qui s'abaissa.

La marquise se trouva ainsi en évidence, au moment où une fausse manœuvre d'un gazier, posté dans les frises, envoyait jusqu'au fond de l'avant-scène un aveuglant rayon de lumière électrique qui aurait dû tomber sur ces demoiselles du corps de ballet. Elle apparut tout à coup dans un nimbe comme une fée d'apothéose, et cet éclairage qui ne lui était pas destiné attira sur sa blonde beauté l'attention de tous ceux que la chute du télescope de poche avait occupés un instant. On la vit de la salle, on la vit de la scène, on la vit des coulisses. Jamais *incognito* ne fut plus complètement et plus subitement violé.

Hervé se précipita pour relever l'écran et il le releva, mais trop tard. L'effet était produit. Alain lui-même avait reconnu son maître, et c'était le seul bon résultat qu'eût produit ce baroque accident. Mais le ballet tirait à sa fin et si, comme on devait le supposer, le tableau suivant se passait en dialogues, sans musique, Hervé et la marquise allaient pouvoir échanger leurs impressions et se concerter sur ce qu'ils avaient à faire pour se préserver des conséquences possibles d'une illumination intempestive.

— Pibrac nous a vus, dit Hervé pendant que la toile tombait. Pour ma part je m'en moque, et comme il ne sait pas qui vous êtes, il n'y a que demi-mal.

— S'il n'y avait que lui, je ne serais pas inquiète, murmura la marquise. Mais je crains fort de vous avoir compromis en vous donnant rendez-vous ici.

— Compromis, moi !... Et comment ?

— J'aime autant ne pas vous le dire. Vous vous tourmenteriez peut-être sans motif, car après tout, j'ai pu me tromper... mais je crois que je vais partir... la place est trop périlleuse.

— Partir !... sans me dire...

— Ce que je vous ai promis de vous apprendre. Ce n'est pas ma faute si tous ces contre-temps successifs m'ont empêchée jusqu'à présent de tenir ma promesse. Et vous n'y perdrez rien, car il ne tiendra qu'à vous de me revoir bientôt. Après ce qui vient de se passer, je n'ai plus de ménagements à garder et je vous dois la vérité.

Hervé, ne comprenant pas grand'chose à ce langage plein de réticences, pensa que la marquise, incomplètement remise d'une émotion dont il ignorait encore la véritable cause, divaguait un peu et qu'il convenait de lui laisser le temps de se calmer tout à fait.

— Madame, dit-il doucement, je suis et je serai toujours à vos ordres, mais permettez-moi de vous dire que vous auriez grand tort de sortir en ce moment. Pibrac vient de quitter son fauteuil d'orchestre et vous vous exposeriez à le rencontrer dans le corridor. Attendez qu'il ait repris sa place. Cela ne tardera guère. Il est sans doute allé fumer une cigarette dehors et il rentrera dans cinq minutes. L'entr'acte sera très court.

— Ce n'est pas ce monsieur que je crains, répliqua la marquise. Il ne m'a vue que masquée, au bal de l'Opéra, et il ne me reconnaitra pas.

— C'est juste... mais... si vous ne le craignez pas, qui craignez-vous donc ?

— Personne. Je suis veuve... par conséquent, je suis libre. Mais vous...

— Moi aussi, puisque je ne suis pas encore marié.

— Vous êtes du moins engagé avec Mlle de Bernage, et si elle apprenait qu'on vous a vu dans ma loge...

— Comment l'apprendrait-elle ?

— Son père ne connaît-il pas ce Pibrac ?

— Fort peu... et il ne l'aime pas. Si Pibrac se permettait de lui parler de moi, il le recevrait fort mal et il ne l'écouterait pas. Du reste, vous venez de me dire que vous ne redoutiez pas les indiscrétions de ce garçon sans conséquence. Convenez donc, Madame, que vous avez quelque autre sujet d'inquiétude.

— Eh bien ! oui. Tout à l'heure, j'ai cru apercevoir dans la coulisse... de l'autre côté de la scène... presque en face de nous... M. de Bernage.

Hervé allait se récrier. Il se souvint tout à coup des propos que Pibrac lui avait tenus sur la place du Châtelet. Bernage, affirmait Pibrac, fréquentait le foyer des artistes de ce théâtre qu'il commanditerait peut-être un jour. Bernage avait bien pu y venir, ce soir-là, faire le galantin auprès des danseuses.

— Si c'est lui, reprit la marquise, il nous a certainement vus quand la lumière électrique est tombée sur nous... et Dieu sait ce qu'il a dû penser.

Hervé de Scaër eut un mouvement de révolte. Il n'était pas homme à souffrir que son futur beau-père se mêlât de contrôler sa conduite, et l'idée d'être traité comme un écolier pris en faute lui était insupportable.

— Peu m'importe ce qu'il en pensera, répliqua-t-il sèchement. Je ne suis pas un enfant qu'on morigène et je ne reconnais pas à M. de Bernage le droit de s'occuper de ce que je fais.

— Vous m'accorderez bien cependant qu'il pourra vous demander comment nous nous connaissons assez pour aller au spectacle ensemble... car enfin, il croit que je vous ai vu une seule fois dans le salon de sa fille.

— Je lui répondrai que cela ne le regarde pas.

— Ce serait une vraie déclaration de rupture.

— Peut-être... mais, quoi qu'il arrive, je ne veux pas me mettre sur le pied d'avoir à rendre compte de mes actions.

— Décidément, vous n'êtes pas très amoureux de Mlle de Bernage, dit en souriant la marquise.

— Que je le sois ou non, répliqua brusquement Hervé, j'ai souci de ma dignité et je tiens à mon indépendance. Personne ne me fera jamais la loi.

— Alors, pour une question d'amour-propre, vous renonceriez à un mariage avantageux ?

— Sans hésiter... comme j'y aurais renoncé pour épouser Héva, si elle était encore de ce monde... et même maintenant, si j'espérais la retrouver, je quitterais tout. Mais puisqu'il ne s'agit plus que de la venger, je veux, pour en finir avec une situation fausse, dire la vérité à M. de Bernage et à sa fille. Pourquoi la leur cacherais-je ?... Il y a dix ans, j'ignorais leur existence... j'étais bien libre d'aimer une jeune fille qui m'aimait. Et vous-même, Madame, puisque vous êtes entrée en relations avec eux, pourquoi ne leur apprendriez-vous pas que vous venez à Paris pour tâcher de retrouver la trace d'une cousine et d'une tante disparues? C'est là un dessein dont vous n'avez pas à rougir, pas plus que je n'ai à rougir de vous seconder. Et qui sait si M. de Bernage ne nous sera pas utile ?.. il est très répandu dans tous les mondes. Il est donc plus à même que nous de recueillir des informations utiles sur un drame qui très probablement s'est dénoué à Paris.

— Vous ne lui avez jamais parlé de cette ancienne histoire ?

— Non ; mais je suis tout prêt à lui en parler, si vous m'y autorisez... ou plutôt, pourquoi ne lui en parleriez-vous pas ? il ira certainement vous voir.

— Me conseillez-vous de lui parler aussi de notre rencontre sous le dolmen de Trévic ? demanda la marquise en regardant fixement Hervé qui ne sut que lui répondre.

Il n'avait pas encore envisagé le côté délicat de la situation et Mme de Mazatlan le lui indiquait nettement.

— Vous vous taisez, reprit-elle. Je comprends que ma question vous embarrasse et je vois bien qu'avant tout, il faut que je vous explique la raison qui m'empêche de confier mes projets à M. de Bernage... mais pour vous l'expliquer, il faut d'abord que je vous dise tout ce que je sais sur la disparition de mes deux parentes.

— Enfin ! pensa Hervé qui attendait avec impatience ce récit plusieurs fois annoncé et toujours différé par suite d'incidents imprévus.

— Mme Nesbitt et sa fille, qui habitaient, comme ma mère et moi, Philadelphie, ont été appelées en France par l'oncle d'Héva, un frère de son père, établi depuis longtemps à Paris où il avait fait une grande fortune. Cet oncle, ne s'étant jamais marié, n'avait pas d'enfants et

Héva était son unique héritière, mais il était brouillé avec toute sa famille et il y avait des années qu'il avait donné de ses nouvelles, lorsque, vers la fin de 1859, Mme Nesbitt reçut une lettre de lui. Il lui annonçait qu'il était disposé à se reconcilier avec elle et à laisser toute sa fortune à sa nièce. Mais il tenait absolument à voir la mère et la fille et il priait Mme Nesbitt de lui amener Héva. Ma tante n'était pas très riche, l'héritage à recueillir devait être considérable et rien ne la retenait aux États-Unis, puisqu'elle était veuve. Elle se décida sans trop de peine à entreprendre le voyage. Elle partit avec ma cousine, et comme la traversée l'avait beaucoup fatiguée, elle débarqua à Brest, où touchaient alors les paquebots de la ligne nouvellement établie de New-York au Havre. Et de Brest, à ma mère qui, je vous l'ai dit, était sa sœur, elle écrivit que forcé de partir subitement pour la Chine où il avait de gros intérêts, l'oncle Nesbitt lui avait envoyé à Brest un de ses commis pour la recevoir et pour l'installer, jusqu'à son retour de l'Extrême-Orient, dans une jolie petite habitation louée tout exprès pour elle, entre Concarneau et Pontaven. C'est là que vous avez vu la pauvre Héva.

— Oui... et je savais qu'elle y était venue de Brest... mais je ne savais rien de plus... elle ne m'a jamais parlé de cet oncle.

— Elle ne le connaissait pas et il l'intéressait si peu qu'elle ne me disait pas un mot de lui dans ses lettres. Il n'y était question que de vous et...

La marquise s'interrompit encore une fois et montrant du doigt le rideau baissé :

— Voyez donc, murmura-t-elle, cet œil qui nous regarde !

Hervé regarda et vit en effet briller un œil appliqué contre un des trous percés dans le rideau de scène pour la commodité des actrices qui aiment à passer en revue, pendant les entr'actes, leurs adorateurs, disséminés dans la salle.

Cet œil était braqué sur la loge, mais il n'y avait vraiment pas lieu de s'en émouvoir, car il devait appartenir à une danseuse, et Hervé, qui se souciait fort peu de ces demoiselles, enrageait de voir Mme de Mazatlan se préoccuper d'un incident aussi insignifiant, au lieu de continuer un récit dont il attendait la suite avec une impatience bien naturelle.

Elle se taisait, comme si elle eût été fascinée par le maudit œil qui n'était pas celui d'une cabotine, car il n'était entouré d'aucun maquillage; pas de noir aux deux coins, pas de rouge sur le haut de la joue qu'on entrevoyait par l'ouverture ronde et large.

Cet œil n'appartenait pas non plus à Alain Kernoul, comme Hervé aurait pu le croire. Alain avait des sourcils en broussailles et le visage barbouillé d'ocre. Et, d'ailleurs, les simples figurants n'ont pas la permission de rôder sur la scène quand la toile est baissée.

Tout à coup, l'œil disparut.

— Et bien! Madame, demanda gaiement Hervé, êtes-vous rassurée ?

— Pas trop, répondit sur le même ton la marquise. Je m'imagine toujours qu'on nous espionne... Mais je vous fais languir, et je devrais me hâter d'achever la triste histoire que j'ai commencé à vous raconter, car je persiste à croire que je ferai bien de partir, dès qu'on frappera les trois coups. Où en étais-je ?

—A l'installation de Mme Nesbitt dans la chaumière qu'elle a occupée près d'un an.

— Dix mois à peu près. La dernière lettre que ma mère a reçue d'elle était datée du 29 septembre 1860, et dans cette lettre, ma tante annonçait que son beau-frère était attendu à Paris et qu'elle irait prochainement l'y rejoindre avec Héva. Depuis, nous n'avons plus rien reçu. Ma mère a écrit à sa sœur; j'ai écrit à ma cousine... nous n'avons pas eu de réponse, et, deux mois après, ma pauvre mère est morte... presque subitement. Je restais seule au monde et j'avais à peine de quoi vivre. On me proposa une place d'institutrice dans une très riche famille de la Havane... J'acceptai et, je l'avoue, le chagrin d'avoir perdu ma mère et les soucis de ma nouvelle existence me firent oublier un peu mes parents. Je dois dire que je leur en voulais un peu de leur silence, car l'idée ne m'était pas venue qu'il leur fût arrivé malheur. Ma tante avait toujours été excentrique ; Héva était une nature passionnée et les côtés positifs de la vie ne la préoccupaient guère. Croirez-vous qui ni elle, ni sa mère n'ont jamais songé à nous apprendre où demeurait à Paris l'homme qui les avait appelées en France ! Je ne savais rien de lui, si ce n'est qu'il s'appelait Georges Nesbitt, et qu'il était le seul frère survivant de feu le commodore Edmond Nesbitt, mari de ma tante.

A qui me serais-je adressée pour me renseigner sur le sort de mes parents ?

— Mais... à moi, puisque votre cousine vous parlait de moi dans ses lettres.

— Comme dans les romans on parle d'un amoureux. Elle me faisait votre portrait... elle me décrivait le pays que vous habitiez... elle me répétait les serments que vous échangiez... elle m'a raconté trois fois la scène de vos fiançailles au pied du dolmen de Trévic... mais elle ne m'a jamais donné sur vous une indication sérieuse. Je savais que vous étiez le dernier représentant d'une noble race, que vous habitiez un vieux château, à deux lieues de la mer, et que vous vous appeliez Hervé de Scaër... je savais aussi que vous étiez grand et mince, et que vous aviez les yeux noirs. Ce n'était pas suffisant pour me guider dans les recherches que j'aurais voulu entreprendre. Et d'ailleurs, je vous le répète, je n'étais pas alors en situation d'ouvrir une enquête sur la disparition de mes infortunées parentes. Quatre ans après la mort de ma mère, ma situation a changé. Je me suis mariée. J'ai épousé un gentilhomme espagnol, beaucoup plus âgé que moi, qui possédait une grande fortune. Il était déjà atteint du terrible mal auquel il a succombé et les médecins lui avaient ordonné de voyager sur mer. Mes cinq années de mariage se sont passées sur un yacht, à traverser l'Atlantique dans tous les sens, et à relâcher tantôt en Portugal, tantôt au Brésil. Nous avons séjourné tout un hiver à Madère, parce que le climat convenait à mon mari... nous avons aussi visité les côtes de France.

— Alors, quand vous m'êtes apparue sur la grève de Trévic...

— Notre yacht était mouillé tout près de là. J'avais le projet de consacrer quelques jours à visiter la contrée où ma pauvre amie avait vécu et à m'informer d'elle auprès des gens du pays. Mon mari, trop souffrant pour descendre à terre, était resté à bord. Pendant la nuit, le vent du sud-ouest se leva. Il soufflait en tempête et menaçait de jeter le yacht sur les rochers. Il fallut lever l'ancre, prendre le large...

— Et vous n'êtes plus jamais revenue en Bretagne ?

— Jamais. M. de Mazatlan se fit ramener à la Havane et, dix-huit mois après, il y mourut en me léguant toute sa fortune, à charge d'en consacrer une partie à la fondation d'un hôpital pour les phtisiques. Je résolus alors de me fixer en France, où j'étais née... J'ai oublié de vous dire que mon père était Français. Capitaine au long cours, il avait épousé à New-York ma mère, qui était Canadienne, et il avait amené sa femme au Havre, où j'ai passé toute mon enfance. J'avais dix ans quand je l'ai perdu. Ma mère, veuve, revint vivre près de sa sœur qui était mariée à Philadelphie...

Vous savez le reste de ma biographie, puisque j'ai commencé mon récit par la fin.

— Vous ne m'avez pas dit depuis quand vous êtes à Paris, murmura Scaër, un peu désappointé, car dans ce récit il avait été fort peu question d'Héva Nesbitt.

— Depuis la fin de l'été dernier, répondit la marquise. J'y ai vécu très isolée, mais je n'y ai pas tout à fait perdu mon temps, car je l'ai employé à prendre des informations sur l'oncle d'Héva... cet oncle trois ou quatre fois millionnaire qui l'avait appelée en France, il y a dix ans. Je me suis renseignée à la légation et au consulat des États-Unis.

— Et vous y avez appris ?...

— Qu'il était parti, en 1860, pour un voyage en Chine, qu'il n'était jamais revenu et qu'il avait dû périr dans un naufrage.

— Mais sa fortune n'avait pas péri avec lui, je suppose.

— Non, sans doute. Malheureusement, on ignore où il l'avait placée.

Et de mes infortunées parentes, nul n'a pu me donner de nouvelles. Personne ne les a vues à Paris, et cependant elles y sont venues.

— En avez-vous la preuve ?

— Pas encore, mais je l'aurai... et je sais déjà qu'avant de s'embarquer pour Hong-Kong, l'oncle d'Héva avait déposé chez un notaire de Paris un testament par lequel il instituait sa nièce légataire universelle.

— Et ce testament n'indiquait pas en quoi consistait son avoir ?

— Non. Il est parfaitement régulier, mais il n'a que trois lignes.

— C'est étrange. Mais... ce négociant devait avoir des commettants... des associés peut-être... et par eux, on pourrait savoir...

— On saura. J'ai déjà des indications... seulement, il est moins facile que vous ne pensez d'arriver à une certitude. M. Nesbitt remuait de gros capitaux, mais il n'était pas à la tête d'une maison de commerce proprement dite... et ses relations d'affaires étaient surtout avec l'Extrême-Orient... la Chine, le Japon et les Indes néerlandaises. Et il y allait souvent. Croiriez-vous qu'à Paris, où il résidait habituellement depuis quinze ans, il n'a jamais eu de domicile fixe. Il logeait à l'auberge. C'est une manie américaine. En dernier lieu, il habitait l'hôtel Saint-James, rue Saint-Honoré.

— Et vivant ainsi en camp volant, il faisait venir sa belle-sœur et sa nièce ! Singulière idée !

— Il était décidé à changer d'existence. Il écrivait à ma tante qu'il allait acheter une maison où elle pourrait s'installer largement avec sa fille et dont il occuperait le reste. Il lui annonçait même qu'il y donnerait des fêtes et il laissait entendre qu'il ferait faire un beau mariage à Héva.

— Où était donc situé le palais où il comptait recevoir si brillante compagnie ?

— Au centre de Paris, disait-il ; et il ajoutait qu'il y aurait un vaste jardin quand la transformation serait achevée.

— De plus en plus bizarre ! murmura Hervé.

— Je n'en sais pas davantage sur l'emplacement qu'il avait choisi. Il ne paraît pas d'ailleurs que ce projet ait eu de suite. Du moins, le notaire qui a reçu le testament n'a eu connaissance d'aucune acquisition de ce genre. Mais le hasard m'a mise sur une autre piste qui me conduira, j'espère, à des découvertes plus intéressantes. L'homme qui vint recevoir à Brest ma tante et ma cousine s'appelait Berry, m'écrivit Héva. Or, cinq ans après, à la Havane, mon mari prit comme régisseur d'une de ses terres un certain Berry, qu'il dut chasser au bout de six mois, parce que ce drôle le volait. Je ne pris pas garde alors à ce nom qui aurait dû réveiller en moi un souvenir. Mais, tout récemment, j'ai su que Berry était à Paris. Mon intendant, un vieux serviteur que j'ai gardé après mon veuvage, l'a reconnu tout récemment dans la rue, et quand il m'a parlé de cette rencontre, le rapprochement que j'aurais dû faire autrefois m'est venu à l'esprit tout à coup. Je me suis demandé si cet homme n'était pas l'ancien commis de M. Nesbitt. J'ai interrogé mon intendant afin de savoir s'il se rappellerait comment le marquis de Mazatlan avait engagé à son service un étranger qui aurait dû lui être suspect, car les gens qui viennent chercher fortune à Cuba sont presque tous des aventuriers. Ce brave Dominguez s'est très bien souvenu que cet homme avait présenté à mon mari un certificat d'honorabilité signé par un gros négociant de Paris.

— Par l'oncle Nesbitt ? interrogea Hervé qui suivait attentivement le fil du discours de la marquise, mais qui ne devinait pas encore où elle allait en venir.

— Non... pas par l'oncle Nesbitt, répondit Mme de Mazatlan. C'eût été déjà quelque chose que d'être informée de la présence à Paris de l'ancien messager de l'oncle disparu. J'aurais tout mis en œuvre pour le retrouver et, sans doute, j'y serais parvenue, mais j'ai fait une découverte plus importante et plus imprévue. Dominguez m'a affirmé que l'attestation donnée à ce Berry venait d'un Français qui vit à Paris, très considéré, parce qu'il est très riche.

Celui-là n'était pas difficile à trouver.

— Si c'est un homme du monde, je le connais peut-être.

— Avant de vous le nommer, laissez-moi vous dire que je vous cherchais aussi, et que j'y ai mis plus de temps. Je savais que vous habitiez Paris, mais j'ai eu de la peine à connaître votre adresse, et quand je l'ai sue, j'ai beaucoup hésité à me mettre en relations avec vous. Je n'osais pas vous écrire, encore moins me présenter chez vous, avant d'être sûre que vous n'aviez pas tout à fait oublié Héva et notre rencontre sur la côte. Si je vous disais que j'ai chargé Dominguez de vous épier... que l'autre soir il vous avait vu entrer au bal de l'Opéra... et qu'à cette nouvelle, j'y ai couru... J'ai mis un domino pour la première fois de ma vie... et, ne sachant pas si je trouverais l'occasion de vous parler, j'ai préparé ce billet que vous avez pris...

— Et que je garde précieusement... mais pardonnez-moi de revenir à ce monsieur si bien posé qui a recommandé le commis de l'oncle d'Héva.

Dites-moi son nom, Madame, je vous en supplie.

Hervé de Scaër n'employait pas souvent les grands mots et s'il se servait d'une formule d'invocation presque solennelle, c'est que la situation l'y avait poussé.

Il suppliait, au lieu de se contenter d'une simple prière, parce qu'il souhaitait ardemment de savoir le nom du protecteur de Berry, qui avait dû jouer un rôle dans la disparition d'Héva Nesbitt, un rôle subalterne sans doute, le principal ayant été rempli par le signataire du certificat.

Il y tenait d'autant plus que la marquise venait de lui laisser entrevoir qu'il connaissait cet homme, pour l'avoir vu dans le monde.

Et, quoi qu'il en fût, il ne doutait pas de le découvrir dès que Mme de Mazatlan le lui aurait nommé.

Elle ne se pressait pas de répondre, et il lisait dans ses yeux qu'elle hésitait à le dénoncer, comme on hésite à mettre le feu à un baril de poudre, même quand on n'a personnellement rien à craindre des suites de l'explosion.

— Eh! bien? demanda fiévreusement Hervé; ce nom?...

— A quoi bon vous le dire? murmura la marquise. Il suffit que je le sache. Jusqu'à présent, je n'ai pas la certitude que ce personnage ait trempé dans l'enlèvement de mes malheureuses parentes. J'ai pris mes mesures pour arriver à découvrir la vérité. C'est une enquête à faire et je la ferai bien sans vous.

— Ce n'est pas ce que vous m'aviez promis et je m'aperçois que j'ai perdu votre confiance.

— En aucune façon. Pour vous prouver le contraire, je m'engage à vous désigner l'homme que je soupçonne, aussitôt que je serai sûre qu'il est coupable.

— Pourquoi pas maintenant?

— Parce que, si je me trompais, j'aurais à me repentir de vous avoir affligé mal à propos.

— Affligé! s'écria Scaër. Est-ce à dire qu'il s'agit de quelqu'un qui me touche?

Et comme M⁻ᵉ de Mazatlan ne répondait pas :

— S'il en est ainsi, il serait cruel à vous de me laisser dans le doute, car je pourrais accuser à tort un de mes amis. Je vous demande en grâce de m'éclairer... Je vous le demande au nom d'Héva.

— Vous le voulez? murmura la marquise, visiblement émue.

— Si vous n'étiez pas femme, je vous dirais que je l'exige.

— Eh! bien, soit!... ne vous en prenez qu'à vous-même du chagrin que je vais vous causer. L'honorable gentilhomme qui garantissait la moralité de ce Berry, régisseur infidèle et peut-être complice du crime commis il y a dix ans, ce gentilhomme, vous le connaissez bien... vous ne le connaissez que trop. C'est...

A ce moment, avant que le nom anxieusement attendu par Hervé sortit des lèvres de Mme de Mazatlan, on frappa doucement à la porte de la loge.

La marquise s'arrêta net, et Hervé comprit qu'avant de la presser de compléter la révélation commencée, il fallait en finir avec ce nouveau et inexplicable contre-temps. Inexplicable, car on ne s'annonce pas ainsi quand on veut pénétrer dans une loge occupée. On s'adresse à l'ouvreuse qui la garde et qui en a la clef.

Il est vrai que les ouvreuses ne sont pas toujours à leur poste.

La marquise regardait Hervé comme pour le consulter. Ce n'était pas le moment de délibérer et il prit sur lui d'aller ouvrir.

Il n'y avait guère qu'un garçon mal élevé qui fût capable de déranger un tête-à-tête au théâtre, et Hervé pressentait qu'il allait se trouver en face d'Ernest Pibrac.

Il resta stupéfait en voyant que le visiteur indiscret était M. de Bernage.

Il ne pouvait pas lui fermer la porte au nez, quoiqu'il en eût bonne envie, et il dut s'effacer pour le laisser passer.

M. de Bernage entra, salua Mme de Mazatlan et lui dit d'un air dégagé :

— Me pardonnerez-vous, Madame, d'envahir ainsi votre loge? Je viens d'y apercevoir de loin M. de Scaër, et je vais vous l'enlever pour quelques instants. J'ai une communication à lui faire... une communication importante et urgente.

La marquise, très troublée, se taisait. Hervé répondit pour elle,— du ton le plus cassant qu'il pût prendre.

— Monsieur, dit-il sèchement, vous auriez pu attendre la fin du spectacle. Je ne suis pas à vos ordres et je ..

— Ne vous emportez pas, interrompit le père de Solange, et veuillez croire que s'il ne s'agissait pas de choses graves, je ne serais pas venu vous chercher ici. Je vous prie de sortir avec moi et de m'accorder dix minutes d'entretien.

Madame m'excusera, et quand je vous aurai dit ce que j'ai à vous dire, vous serez libre de la rejoindre.

Hervé montra la porte à son futur beau-père et le suivit dans le corridor, où M. de Bernage reprit:

— Nous ne pouvons pas nous expliquer ici. Prenez la peine de m'accompagner au foyer. Je ne vous y retiendrai pas longtemps.

— Soit! dit Hervé, décidé à en finir.

On venait de frapper les trois coups pour annoncer le lever du rideau et il n'y avait plus de flâneurs dans les couloirs.

Le foyer aussi était désert et M. de Bernage

n'y fit pas attendre au fiancé de Solange la communication annoncée.

— Monsieur, lui dit-il, j'aurais pu en effet remettre à un autre moment un entretien indispensable, mais j'aime les solutions promptes et les situations nettes.

— Moi aussi, Monsieur, répliqua fièrement le dernier des Scaër.

— Alors, ce sera vite réglé. Vous deviez être mon gendre ; vous ne pouvez plus l'être. Ma fille n'épousera pas un homme qui s'affiche avec une aventurière.

— Qu'osez-vous dire?

— Je dis ce qui est. J'ai pris des renseignements sur cette soi-disant marquise et je sais ce qu'elle vaut. Je sais aussi qu'elle est d'accord avec vous pour nous tromper... Ne niez pas !... Dimanche, après la visite qu'elle a eu l'impudence de nous faire, vous êtes allé la retrouver dans une rue voisine de mon hôtel... un de mes domestiques vous a vu. Et voilà que, ce soir, je vous surprends dans une baignoire d'avant-scène, où vous vous cachiez tous les deux... C'est trop... la mesure est comble. J'ai beaucoup vécu, Monsieur le baron, et j'excuse bien des fautes. Vous avez eu, je le sais, une jeunesse dissipée, et j'aurais pu vous pardonner une légèreté... comme d'aller, par exemple, au bal de l'Opéra... je ne vous pardonne pas d'être l'amant d'une femme qui a osé s'introduire chez moi sous un prétexte ridicule... et ce n'est pas pour la recevoir quand vous serez marié que j'ai acheté vos terres et votre château.

— Monsieur !...

— Oh ! pas d'éclat, s'il vous plait ! vous savez fort bien qu'entre nous il n'y a pas de duel possible. Vous auriez du reste tout à y perdre. Restons-en où nous en sommes et oubliez, comme je l'oublierai, qu'il a été question de votre mariage avec ma fille. Quant aux affaires d'intérêt, elles seront faciles à régler entre nous. En fait d'immeubles, promesse vaut vente. Je reste donc propriétaire de vos biens du Finistère, et c'est à vos créanciers hypothécaires que j'en paierai le prix. Mon notaire s'entendra à ce sujet avec le vôtre et il est tout à fait inutile que je vous revoie.

Adieu, Monsieur le baron !

Sur cette impertinente conclusion, le père de Solange planta là le seigneur dépossédé de Scaër, qui le laissa partir sans en venir aux voies de fait et même sans répliquer à ce brutal ultimatum.

On ne peut pas souffleter un homme dont on a failli devenir le gendre et on ne discute pas une signification de rupture formulée à peu près comme un acte d'huissier.

Hervé étouffait de rage, et ce n'était pas le dépit de renoncer à la main d'une riche héritière ni le regret de se retrouver ruiné comme devant qui l'exaspérait. C'était l'humiliation d'avoir été traité de la sorte par un parvenu fier de ses millions. L'orgueil de race se réveillait en lui et il se reprochait déjà d'avoir songé à se mésallier pour sauver ses domaines. Mieux valait cent fois s'expatrier que de vivre dans la dépendance d'un Bernage qui n'aurait pas manqué plus tard de lui faire durement sentir qu'en ce siècle positif, l'argent prime la noblesse, comme la force prime le droit.

Il se demandait aussi d'où venait ce revirement subit dans les intentions d'un homme qui avait eu le premier l'idée de ce mariage mal assorti, et qui n'était certes pas d'un rigorisme outré sur le chapitre des mœurs.

Pourquoi Bernage, habitué des coulisses, le prenait-il maintenant de si haut en parlant d'une femme que l'avant-veille il portait aux nues ? Que s'était-il passé depuis la visite de Mme de Mazatlan à l'hôtel du boulevard Malesherbes ?

Hervé ne pouvait mieux faire que d'aller raconter à la marquise la scène qu'il venait de subir et qui simplifiait singulièrement sa situation vis-à-vis de cette fidèle amie d'Héva Nesbitt, puisque rien ne l'empêchait plus de se montrer avec elle, ni de s'associer à ses projets.

Il l'avait laissée dans la loge où elle devait l'attendre avec impatience. Il y courut, mais il n'y arriva pas sans encombre, car au bas de l'escalier du foyer il tomba bien malgré lui dans les bras de Pibrac qui l'arrêta en ricanant :

— Pincé, mon petit! Je sais où tu vas. Tu as eu beau jouer de l'écran dans l'avant-scène, je t'y ai pigé avec la blonde que je t'avais signalée. Voilà donc pourquoi tu m'as lâché tantôt à la porte du théâtre!... Es-tu assez cachottier!... Et tu t'es laissé prendre par Bernage!... c'est bien fait!... ça t'apprendra à faire le mystérieux avec un ami!...

— Comment sais-tu?...

— J'ai vu passer ton futur beau-père quand il est allé te relancer... et tout à l'heure, je viens encore de le rencontrer. Il n'avait pas l'air content, ce capitaliste, et j'ai dans l'idée qu'il t'a cherché noise. Dame! ça se comprend... quand tu as envie de faire tes farces, tu devrais mieux prendre tes précautions... par égard pour la dot de ta future. Un million ou deux, sans compter les espérances, ça ne se trouve pas souvent, par le temps qui court. Si ton mariage manquait, ta blonde te coûterait cher.

— Je me moque de la dot, de la fille et du père.

— Ah! bah!... est-ce que Bernage t'aurait dit le fameux : « Tout est rompu, mon gendre? »... Diable! je te plaindrais.

— Ne me plains pas et laisse-moi aller.

— Où ça ?... retrouver ta princesse ?... Ah ! tu vas bien, toi, quand tu t'y mets ! et dire que samedi tu n'as pas voulu souper avec nous au *Grand-Quinze !*... Bernage ne serait pas venu t'y chercher, tandis que ce soir...

Scaër, agacé, eut recours aux grands moyens : d'une bourrade, il écarta Pibrac et il se lança au pas accéléré dans le corridor.

L'ouvreuse, qui avait repris sa faction devant la loge, le reconnut et prit un air mystérieux pour lui dire :

— Cette dame vient de partir et elle m'a chargée de prier Monsieur de ne pas l'attendre.

Décidément, tout tournait contre Hervé, pendant cette malencontreuse soirée. Il restait brouillé avec M. de Bernage et il s'en était fallu d'une seconde qu'il apprît le nom de l'homme que la marquise soupçonnait d'avoir fait disparaître Héva.

Ce nom, il ne tenait qu'à lui de le connaître bientôt, car la marquise maintenant ne refuserait plus de le recevoir chez elle et, après les confidences qu'elle venait de lui faire, elle n'avait plus de raison pour lui cacher le mot de l'énigme, le mot final, celui que l'entrée inattendue de M. de Bernage l'avait empêchée de prononcer ; et il saurait enfin à qui s'en prendre de l'enlèvement d'Héva Nesbitt.

En attendant, il restait sous le coup d'un désastre. La rupture de son mariage, c'était la ruine.

Depuis que ce mariage était décidé, Hervé avait continué à vivre largement et l'argent ne lui avait pas encore manqué, car il touchait ses revenus comme par le passé. Les hypothèques ne stérilisent pas les terres et tant que les terres ne sont pas saisies ou vendues, le propriétaire perçoit les fruits.

Hervé venait justement de vendre une coupe de bois de sa forêt de Clohars et il en avait encaissé le prix, dix-neuf mille francs, déposés par lui en compte courant à la Banque de France.

Ce n'était donc pas la misère immédiate et il pouvait encore tenir un certain temps sur le pavé de Paris. Mais quand il aurait vu la fin de ce reste d'opulence, il n'aurait plus qu'à disparaître. Et encore devrait-il garder de quoi tenter de se refaire en Australie, comme il y avait songé plus d'une fois avant que M. de Bernage l'eût choisi pour gendre.

Ce même Bernage allait évidemment exiger que l'acte de vente fût signé à bref délai, et cela fait, il ne perdrait pas une minute pour user de son droit en dépossédant le vendeur.

C'était la guerre qu'il venait de déclarer au dernier des Scaër, et il la poursuivrait sans trêve ni merci.

Comment et pourquoi en était-il arrivé là tout

à coup? Ce n'était pas le moment de chercher la cause de ce brusque changement. Et Hervé ne pensa qu'à fuir ce maudit théâtre du Châtelet où il n'avait fait que passer d'un désagrément à un autre pour aboutir à une catastrophe.

Il reprit son pardessus qu'il avait laissé à l'ouvreuse et il rebroussa chemin pour gagner la sortie.

Il était écrit qu'il n'échapperait pas à Pibrac. Il le retrouva planté devant la porte de l'orchestre, et cet insupportable camarade lui barra encore une fois le passage.

Hervé crut d'abord que Pibrac l'attendait là pour lui demander raison de la poussée qu'il avait reçue au bas de l'escalier du foyer, et il s'apprêtait à lui répondre vertement, car il eût été ravi de passer sa colère sur quelqu'un, mais Pibrac lui dit en lui riant au nez :

— Eh! bien, l'oiseau s'est donc envolé? Tu n'as pas de chance. Cette blonde qui te brouille avec ton futur beau-père et qui file ensuite me fait l'effet d'être une jolie farceuse. A ta place, moi, je la lâcherais. Elle a du *chic*, c'est vrai, mais elle porte malheur. C'est une femme à la *guigne*. Et puis, je ne la crois pas inédite. On ne m'ôtera pas de l'idée que je l'ai déjà vue quelque part.

A ce discours saugrenu, la colère d'Hervé tomba subitement.

Le ton facétieux de Pibrac l'avait désarmé et il enviait l'insouciance de ce garçon qui riait de tout et qui prenait si gaiement le malheur d'un ami.

— Moque-toi donc de ça, reprit le joyeux Ernest. Ça ne manque pas de femmes, ici... au contraire!... une de perdue, dix de retrouvées. Raccommode-toi avec papa beau-père, si le cœur t'en dit... et si tu n'y tiens pas, remets-toi carrément à faire la fête. Pour commencer, viens avec moi dans les coulisses. Je te présenterai Margot. Elle est gaie comme un pinson et elle a des petites camarades qui sont gentilles. Je vais monter une partie dont tu me diras des nouvelles. Nous irons au café Anglais noyer ton chagrin dans les pots.

A quel mouvement céda le seigneur de Scaër en acceptant la proposition de ce fou? Sans doute, à un mouvement de dépit. Il était ainsi fait que les événements fâcheux le poussaient toujours aux résolutions extrêmes.

— Soit! dit-il rageusement. Mène-moi sur le théâtre et invite tes drôlesses.

— A la bonne heure! s'écria Pibrac, tu commences à entendre raison. Viens, mon gars! Tu verras que tu t'en trouveras bien. La nuit porte conseil... le vin de Champagne aussi... et demain, tu seras beaucoup mieux disposé pour faire ta paix avec Bernage. S'il essaie de te tenir rigueur, tu lui parleras du faux nez qu'il portait au bal de l'Opéra et il mettra les pouces.

Ayant dit, Pibrac prit Hervé par le bras, pour l'empêcher de se raviser et l'entraîna jusqu'au fond du corridor où se trouvait justement la porte par laquelle on va de la salle à la scène.

L'ouvreuse de l'avant-scène sourit quand Hervé passa près d'elle. Peut-être s'étonnait-elle que ce grand brun se consolât si vite du départ de la dame blonde.

Pibrac, pratiquant souvent ce chemin, la connaissait et lui envoya un bonjour protecteur avant de frapper d'un air d'autorité, comme il convient à un monsieur qui a ses entrées au foyer de la danse.

Même au Châtelet, il n'en faut pas plus pour poser un homme.

L'huis réservé s'ouvrit et le cerbère chargé de le garder sourit à Pibrac qui ne lui ménageait pas les gratifications et qui lui dit majestueusement :

— Monsieur est avec moi.

C'était la première fois que Scaër mettait les pieds sur les planches d'un théâtre. Il s'y trouva d'abord un peu dépaysé, mais son introducteur lui servit de guide à travers le dédale des portants et le conduisit derrière la toile de fond.

Le tableau qui commençait se passait dans un salon fermé — le salon de M. Satan — mais comme le décor devait disparaître pour le tableau suivant, les figurants des deux sexes se tenaient prêts à entrer en scène, abrités par la cloison mobile qui allait bientôt laisser à découvert le palais du Diable.

A part de ce troupeau et cantonnées dans un coin, les protégées auxquelles on avait distribué des bouts de rôle attendaient aussi le *changement* pour se produire aux yeux du public.

Et, au premier rang de ce groupe, la préférée de Pibrac, une rousse assez appétissante, Margot, en *diable d'argent*, habillée d'une étoffe de circonstance, blanche et brillante comme l'enveloppe d'un bâton de chocolat.

Elle n'eut pas plutôt aperçu son Ernest qu'elle accourut à sa rencontre en l'apostrophant d'une façon peu gracieuse.

— Qu'est-ce que tu viens chercher ici? lui cria-t-elle.

— Comment! mais c'est toi qui m'as dit d'y venir, répliqua Pibrac.

— Tu vas me faire manquer mon entrée. Et puis, quand tu es sur mes talons, je chante faux.

Elle aurait dû dire qu'elle ne chantait jamais juste, et Hervé, qui s'en doutait, aurait ri s'il eût été moins préoccupé.

— Elle est bien bonne, celle-là! s'exclama Pibrac. Pas plus tard que tantôt, tu m'as dit tout le contraire.

— Possible, mon cher... mais j'ai changé d'idée depuis tantôt.

— C'est bon... je n'aime pas à jouer les gêneurs. Je vais faire un tour au foyer, pendant que tu diras ton couplet. Et, après le *quatre*, j'irai te chercher à la sortie des artistes.

— Pourquoi faire?

— Pour aller souper, parbleu!... avec mon ami, qui a envie de s'amuser ce soir. Tâche d'amener Juliette et Delphine. Nous mangerons du homard à l'américaine.

— Merci! je ne l'aime pas, et, ce soir, je n'ai pas envie de souper. J'ai la migraine. Ainsi, ne te dérange pas pour m'attendre, mon gros. Ton ami m'excusera, ajouta Margot en coulant une œillade à Hervé.

— Bon! ricana Pibrac. Il y a un Brésilien, sous roche.

— Qu'est-ce que tu me chantes avec ton Brésilien?

— A moins que ce ne soit un Russe ou un nabab indien. Ne me la fais pas à la migraine, ma petite. Ça ne prendrait pas.

— Ah! c'est comme ça?... Eh bien! crois ce que tu voudras et fiche-moi la paix!... Je suis bonne fille, mais je ne veux pas qu'on m'embête, et si tu n'es pas content...

— Voyons, Margot... pas de coup de tête... tu en serais bien fâchée après.

— Mais, non!... mais non!... ce n'est pas le Pérou que ta connaissance, et je ne serais pas embarrassée pour te remplacer, mon cher!

Après cette conclusion impolie, Margot fit demi-tour et se replia sur le petit groupe féminin d'où elle s'était détachée pour empêcher Ernest d'avancer.

Et Ernest fit la sottise de la suivre, en essayant de la prendre par la douceur.

C'est le scénario habituel des querelles entre amoureux de cette catégorie. Le monsieur commence par objurguer la demoiselle et finit par l'implorer.

En dépit du scepticisme qu'il professait à l'endroit des femmes, Pibrac ne faisait pas exception à la règle.

Hervé connaissait, pour y avoir passé comme les autres, l'ordre et la marche de ces disputes, et n'étant pas tenté de mettre le doigt entre l'arbre et l'écorce, il avait eu soin de se tenir à distance.

Il ne doutait pas que l'infortuné Pibrac n'eût deviné pourquoi sa Margot refusait de souper, et il prévoyait que cette explication orageuse aurait pour effet de le priver de la compagnie de son ami retenu par la jalousie auprès de la donzelle.

Peu lui importait, du reste. Dans un moment de colère, il s'était laissé amener sur la scène;

il ne tenait pas du tout à y rester jusqu'à la fin du spectacle.

Après avoir suivi des yeux Ernest qui s'obstinait à escorter sa cabotine, et les avoir vus rentrer dans la coulisse en se chamaillant, Hervé allait filer tout doucement du côté opposé, lorsqu'il aperçut, appuyé contre un portant, un monsieur qu'il reconnut pour l'avoir croisé plusieurs fois sous le péristyle du théâtre.

Ce monsieur pouvait fort bien être venu là pour Margot, car il la couvait des yeux, et les petites camarades chuchotaient en le regardant.

Évidemment, elles se moquaient entre elles du gros Ernest, qui ne prenait pas souci de ce personnage prêt à lui souffler sa belle.

— Allons, se dit Scaër, j'avais bien tort de croire que ce monsieur m'espionnait dehors. Il attendait tout bonnement l'heure du berger. C'est ce pauvre Pibrac qui aurait dû se défier de lui, car il est clair que Mlle Margot va le planter là pour ce vilain bonhomme qui n'a pas du tout l'air d'un Brésilien.

Tout en se félicitant de se tirer de cette bagarre, Hervé filait derrière la toile du fond, afin de regagner la porte par laquelle il était entré avec Pibrac.

Il faisait bien de se hâter, car des symptômes significatifs annonçaient que le changement à vue n'allait pas tarder.

Les machinistes prenaient leurs postes, les figurants se massaient en reculant vers le troisième plan, et le régisseur gesticulait pour accélérer la manœuvre.

Si peu que Scaër se fût attardé, il se serait trouvé pris dans quelque évolution qui l'aurait retenu sur la scène, après le changement — mésaventure ridicule qu'il tenait essentiellement à éviter.

Il réussit à traverser sans accroc et à se glisser par un mouvement tournant dans la coulisse latérale où il n'avait plus à redouter d'être hué par le public, toujours gouailleur, si la cloison du salon de M. Satan venait à s'écarter avant qu'il fût rentré dans la salle.

Il allait courir à la petite porte de communication, quand il sentit qu'on le tirait par la manche de son pardessus.

Il se retourna de mauvaise humeur, persuadé que c'était Pibrac qui le rattrapait. Il se trompait. Pibrac était tout à Margot. C'était Alain qui l'arrêtait, et le gars aux biques lui dit d'un air triste :

— Ah ! monsieur le baron, je suis bien content de pouvoir vous parler. Si vous n'étiez pas venu au Châtelet, ce soir, je crois bien que j'aurais osé aller chez vous... et pourtant, c'est une mauvaise nouvelle que j'ai à vous apprendre.

— Quoi ! dit Hervé, est-ce que cette pauvre jeune femme ?...

Il n'osa pas achever la phrase, convaincu qu'il était que la mauvaise nouvelle apportée par Alain ne pouvait être que la nouvelle de la mort de Zina. Et il en voulait déjà à ce garçon d'être venu figurer, pour gagner quarante sous le soir du jour où la malheureuse avait rendu l'âme.

— Ma femme ne va ni mieux ni pis, dit le gars aux biques. Elle a reçu le coup plus courageusement que moi.

— Quel coup?

— La dame de Clamart nous chasse du logement qu'elle nous avait prêté.

— Elle t'a écrit?

— Elle est venue... deux heures après que vous avez été parti.

— Et pourquoi vous renvoie-t-elle?

— Il paraît que le propriétaire va arriver et qu'il veut faire démolir la maison pour en bâtir une autre à la même place.

— Franchement, il n'a pas tort. Elle menace ruine, cette masure, et elle s'écroulerait si on ne la jetait bas.

— C'est vrai... mais il faut que nous décampions.

— Eh bien! ne t'ai-je pas dit que je me chargeais de vous caser dans un appartement où vous serez beaucoup mieux?

— Oui, et vous êtes bien bon de vous occuper

de nous... mais en attendant que vous l'ayez trouvé, Zina sera forcée d'entrer à l'hôpital.

— Je trouverai d'ici à très peu de jours et vous ne déménagerez pas avant que votre nouveau logis soit prêt.

— M™° Chauvry ne l'entend pas comme ça. Elle nous a signifié de déguerpir tout de suite. Elle voulait que ce fût ce soir.

— Elle est donc folle !... Tu l'as envoyée promener, je suppose.

— Je lui ai dit que ce n'était pas possible. Zina est hors d'état de descendre l'escalier et je n'aurais pas pu me procurer ce soir un brancard et des porteurs... Le mardi gras, personne ne veut travailler. Et puis, où aller?... avec l'argent que vous m'avez donné je pourrais bien payer une chambre dans un garni, mais Zina est trop malade. Aucun logeur ne voudrait d'elle. Ces gens-là n'aiment pas qu'on meure chez eux.

— Bon !... qu'a dit à cela cette femme?

— Elle m'a répondu que ça ne la regardait pas... qu'elle nous avait hébergés par charité, qu'elle était bien libre de nous renvoyer quand ça lui convenait, et que si nous étions encore là demain, elle nous ferait mettre à la porte par des sergents de ville.

— Ça, je l'en défie, par exemple. On ne jette pas une malade sur le pavé, sans lui laisser le temps de se loger ailleurs.

— Je le croyais.... cette dame prétend qu'elle en a le droit... Elle a même ajouté, en s'en allant : si vous couchez ici cette nuit et qu'il vous arrive malheur, tant pis pour vous !

— Voilà une méchante coquine !... mais ne crains rien, mon brave. Si elle essayait de te faire des misères, j'irais trouver avec toi le commissaire de police du quartier et nous verrions si elle oserait pousser les choses plus loin.

Et Hervé reprit, après un court temps d'arrêt :

— Je ne serais même pas fâché qu'elle m'obligeât à y aller, chez le commissaire... Je le prierais de demander à cette gérante le nom du propriétaire qu'elle représente. J'ai des raisons pour tenir à connaître ce monsieur.

Hervé venait de se rappeler tout à coup les indications du carnet que les multiples incidents de la soirée lui avaient fait oublier, et il croyait déjà apercevoir un fil conducteur qui pourrait guider ses recherches, car il pressentait que Mme Chauvry devait connaître le secret qui le préoccupait, — par intermittences, — depuis qu'un filou lui avait mis en poche l'énigmatique agenda.

Il n'avait pas encore eu l'idée de rattacher les bizarres agissements de la dame au mystère que lui faisaient soupçonner les lignes tracées sur certains feuillets de ce livret, mais il commençait à penser que cette inconnue pourrait les expliquer.

Si, comme il était permis de le supposer, un crime avait été commis ou un trésor caché dans la maison de la rue de la Huchette, Mme Chauvry ne l'ignorait pas, et peut-être n'avait-elle installé là un pauvre ménage ramassé sur le boulevard Saint-Michel qu'afin d'être prévenue immédiatement au cas où la police ou bien des voleurs s'aviseraient d'y pénétrer — la police s'il y avait eu crime ; des voleurs si on y avait enfoui de l'argent.

L'explication était plausible, mais elle n'était pas complète, car, dans cette hypothèse, il restait à expliquer pourquoi la même femme s'était subitement décidée à expulser ses locataires.

Elle n'avait donc plus besoin de leurs services.

— Mme Chauvry nous a fait du bien, dit timidement Alain ; je ne voudrais pas lui faire arriver de la peine.

Le gars aux biques avait bon cœur, et son maître lui sut gré du sentiment qu'il exprimait. Hervé avait d'ailleurs en ce moment d'autres soucis que celui d'éclaircir un mystère qui ne le touchait pas personnellement.

— Tu as raison, dit-il, mieux vaut que je ne m'occupe pas d'elle. Tu ne lui as pas parlé de moi, j'espère ?

— Pas du tout, notre maître. Vous me l'aviez défendu.

— Bon !... je vais tâcher de te mettre à même de changer de domicile immédiatement. Ta femme peut bien passer quelques jours à la maison Dubois, faubourg Saint-Denis.

Et comme Alain ne paraissait pas comprendre :

— C'est une maison de santé où on soigne les malades à peu de frais. La tienne y sera très bien et, pour y entrer, les formalités ne sont pas longues. Il n'y a qu'à payer une quinzaine d'avance. C'est ce que je ferai demain matin et on enverra aussitôt une litière pour transporter Zina. Tu l'accompagneras pendant le trajet et rien ne t'empêchera de lui tenir compagnie toute la journée.

Quant à te loger, toi...

— Oh !... un cabinet dans le premier garni venu me suffira. Zina va être bien contente... elle le serait encore plus, si vous lui disiez vous-même tout ce que vous venez de me dire.

— Je ne demande pas mieux, mais à quel moment ? Demain, toute ma matinée sera prise.

— Si j'osais, notre maître... je vous demanderais d'y venir ce soir.

— Après la représentation ? Ah ! ma foi ! non. J'en ai assez de ce théâtre, et je m'en vais, sans plus tarder.

— Je puis bien m'en aller aussi.

— Et ta figuration ?... voilà j... .t qu'on

sonne au rideau... il faut que tu entres en scène.

— Un diable de moins dans le cortège, on ne s'en apercevra pas. Et si le chef s'en apercevait, je lui dirais que j'ai la fièvre et que je ne peux plus me tenir sur mes jambes.

— Pourquoi donc tiens-tu tant à ce que je voie ta femme, ce soir?

— Parce qu'elle se tourmente, depuis que la dame nous a donné congé. Si je lui disais que votre bonté va nous tirer d'affaire, elle ne me croirait peut-être pas... et si vous venez, elle reprendra courage.

— Qu'à cela ne tienne !... après tout, si on te renvoie d'ici, tu n'y perdras pas grand'chose, puisque tu n'es plus dans la nécessité de continuer le sot métier que tu fais. Donc, c'est convenu... Nous allons ensemble rue de la Huchette... et je monterai encore une fois tes cinq étages... pour l'amour de Zina; va te déshabiller, mon gars, et viens me rejoindre sur le quai, au coin du pont. Seulement, dépêche-toi.

— Je ne vous demande que dix minutes, répondit Alain en se précipitant vers l'escalier intérieur qui conduit au vestiaire des figurants.

Scaër, talonné par la crainte d'être encore une fois rattrapé par le sempiternel Pibrac, gagna prestement la petite porte et, une fois dans le corridor, il ne fit qu'un saut jusqu'à la sortie du théâtre.

Ce n'était pas encore assez pour qu'il se crût à l'abri des rencontres fâcheuses, et il courut, tout d'une haleine, jusqu'à l'entrée du Pont-au-Change, où il avait promis à Alain de l'attendre.

Les flâneurs qui se promenaient sur la petite place du Châtelet ne venaient pas rôder jusque-là.

Il faut bien le dire, ce n'était pas seulement par bonté d'âme que Scaër avait consenti à accompagner le gars aux biques.

Scaër se réjouissait d'apporter des consolations à une pauvre fille dont le triste sort l'apitoyait, mais il n'était pas fâché non plus de savoir ce qu'elle pensait de la dame de Clamart et de la signification du congé.

Les femmes sont toujours plus fines que les hommes, et Zina lui avait paru beaucoup plus capable que ce brave Alain d'apprécier ce que valait la suspecte gérante et de deviner le véritable motif qui la faisait agir.

Il avait oublié aussi d'adresser au gars une question intéressante, et ce fut par cette question qu'il entama l'entretien, quand, au bout d'un quart d'heure, Alain arriva tout essoufflé.

— Tu m'as vu dans la loge où j'étais avant de monter sur le théâtre ? lui demanda-t-il de but en blanc.

— Oui, notre maître, répondit le gars. Je vous

ai vu au moment où vous vous êtes levé pour ramasser la lorgnette de votre dame.

— Tu ne la connais pas, la dame ?
— Oh ! non, notre maître.
— Eh ! bien, elle te connaît.
— Pas possible !
— Elle t'a vu, en Bretagne, il y a trois ans, un jour que tu gardais tes chèvres, sur la lande de Trévic.

— Il y a trois ans, notre maître, j'étais plus souvent à Concarneau qu'à la ferme, à cause de Zina... mais ça se peut tout de même que cette dame m'ait rencontré.

— Elle t'a même parlé. Elle t'a demandé quel maître tu servais.

— Oh ! je me souviens maintenant. Elle avait débarqué d'un navire comme je n'en avais jamais vu... haut mâté, avec une coque peinte en blanc et un pavillon jaune et rouge... C'est pourtant vrai qu'elle m'a questionné sur vous. Elle voulait savoir si le château de Trégunc était loin de la côte. Je lui ai proposé de l'y conduire. Elle n'a pas voulu... et puis... attendez que je me rappelle... Ah ! elle m'a demandé aussi ce qu'on disait chez nous des étrangères qui avaient loué, dans le temps, un petit manoir pas loin des ruines de Rustéphan et qui sont parties tout d'un coup. Je n'ai pas pu lui en dire grand'chose... je n'avais que dix ans quand elles sont venues dans notre pays et je n'allais pas souvent du côté où elles demeuraient.

Hervé ne poussa pas plus loin l'interrogatoire. Alain, évidemment, n'était pas en état de le renseigner sur le sort d'Héva Nesbitt et ses réponses venaient de confirmer le récit de la marquise. Mme de Mazatlan avait dit la vérité en racontant sa courte excursion en Cornouailles. Hervé était fixé sur ce point. Il ne lui restait plus qu'à tâcher de savoir ce que Zina pensait de Mme Chauvry.

Quand ce serait fait, il pourrait enfin rentrer à l'hôtel du Rhin et réfléchir solitairement à sa nouvelle situation.

Tout en causant, Alain et lui avaient passé le grand bras de la Seine, traversé la Cité et enfilé le pont Saint-Michel, au bout duquel commence le quartier Latin.

Ce soir-là, on y fêtait le Mardi-Gras. Les cafés de la place regorgeaient de monde et des bandes d'étudiants descendaient, en chantant, le large chemin qu'ils appellent, par abréviation, le *boul'Mich*.

Hervé ne songeait qu'à tourner à gauche pour éviter de tomber dans cette joyeuse cohue. Il ne fut pas peu surpris de voir des gens s'en détacher et se précipiter dans la rue de la Huchette.

« Quand le peuple s'assemble ainsi,
C'est toujours sur quelque ruine »,

a écrit Alfred de Musset. A plus forte raison, quand il court.

Certainement, un malheur venait d'arriver.

Un malheur ou un simple accident, car il suffit quelquefois d'un chien écrasé par une voiture pour que la foule se rue ou s'amasse.

Hervé ne se serait guère ému, si ce tumulte s'était produit dans un autre quartier, mais le flot roulait vers la rue de la Huchette, et ce nouveau contre-temps fit qu'il s'arrêta court.

— Attendons la fin de cette bagarre, dit-il à Alain. Il est inutile qu'on nous voie entrer chez toi. Ces gens-là courent probablement après une mascarade. Laissons-les passer.

— On dirait plutôt qu'ils se sauvent, murmura le gars aux biques.

— Entends-tu ce qu'ils crient?

— Pas très bien, et pourtant...

— Tiens! on regarde en l'air...

— C'est le feu, notre maître! Voyez!

Hervé leva les yeux vers le ciel. Un épais nuage de fumée noire tourbillonnait au-dessus des toits, chassé par le vent qui soufflait de l'Est.

— Je crois en effet que c'est un incendie... et tout près d'ici, car je sens une odeur de bois brûlé et des bouffées de chaleur, dit Scaër.

— Et moi, je vois les flammes, reprit Alain.

Des gerbes d'étincelles commençaient à sortir

du nuage et, par intervalles, des langues de feu jetaient des lueurs sinistres.

— Ah! mon Dieu!... si c'était chez nous!...

— Non, je ne crois pas... le foyer est sur le quai, car le reflet illumine les maisons de l'autre côté de la rivière.

— La nôtre s'étend jusqu'au quai, vous le savez bien, notre maître... si le feu gagne, tout flambera comme une allumette... Et Zina qui ne peut pas bouger... j'y vais... pourvu que j'arrive à temps!

— J'y vais avec toi.

Et ils coururent tous les deux à la rue de la Huchette.

Elle était déjà bondée de monde et ils eurent beaucoup de peine à y pénétrer. Ils s'y lancèrent pourtant. Alain, en jouant des coudes, des poings, et même de la tête — à la mode bretonne — frayait le chemin à son maître qui le suivait de près. Mais plus ils avançaient, plus il devenait difficile de fendre la foule.

C'était bien la maison d'Alain qui brûlait et elle ne brûlait pas seule. Toutes les vieilles constructions qui se reliaient à elle étaient en flammes, comme si on eût mis le feu en même temps aux quatre coins du quadrilatère.

Et les secours qui arrivaient ne faisaient qu'augmenter le désordre.

En ce temps-là, on n'en était pas encore aux

engins perfectionnés qui fonctionnent maintenant à Paris. Les pompes, traînées non par des chevaux, mais par des hommes, étaient des pompes à bras.

On venait d'en mettre une en batterie au coin de la ruelle du Chat-qui-Pêche, et ceux qui n'étaient pas occupés à la manœuvrer n'épargnaient pas leurs peines. Ils dressaient une échelle contre la façade de la rue de la Huchette, pendant que leur caporal enfonçait à coups de hache la porte que Kernoul avait fermée à clé.

On supposait sans doute que la maison était habitée et on préparait des moyens de sauvetage qui pourraient être efficaces, car, de ce côté, l'incendie ne paraissait pas avoir fait de grands progrès.

Alain, pris dans un groupe compact, se démenait pour s'ouvrir un passage, car il voulait à toute force sauver lui-même sa chère malade.

A ce moment, la devanture d'une des boutiques du rez-de-chaussée éclata sous la pression des flammes qui couvaient dans l'intérieur et qui jaillirent au dehors avec une telle violence qu'elles firent reculer les travailleurs.

Ce fut un désarroi général. Les pompiers, y compris leur caporal, se replièrent sur les curieux attroupés que contenaient à grand'peine quelques rares sergents de ville et qui refluèrent tumultueusement vers la place Saint-Michel. Il y eut une bousculade indescriptible, et la rue se serait vidée en un clin d'œil si elle n'eût été obstruée par des gens qui accouraient de la place.

Hervé, violemment séparé de son compagnon, fut poussé de l'autre côté de la rue, dans une embrasure de porte où il resta serré comme un hareng dans une caque.

Il ne pouvait plus bouger, mais il pouvait voir, car, depuis l'explosion, il faisait clair comme en plein jour et il se trouvait placé de façon à ne rien perdre de l'émouvant spectacle qui commençait.

Une fenêtre s'ouvrit tout en haut de la maison et une femme s'y montra, une femme vêtue de blanc.

Les flammes n'arrivaient pas jusqu'à elle, mais l'incendie montait avec une rapidité effrayante. Déjà, au premier étage, des volets tombaient, livrant passage à des jets de feu. Les fenêtres de la façade s'allumaient l'une après l'autre et la maison prenait l'aspect d'une énorme navire, percé de sabords embrasés.

Elle allait évidemment brûler de fond en comble, et c'en était fait de la pauvre Zina, à moins que, pour tenter de la sauver, un pompier héroïque n'affrontât une mort inévitable.

Plus d'un n'aurait pas hésité, mais ces braves gens ne songeaient guère à elle. La fumée leur cachait le cinquième étage et Zina n'appelait pas au secours, parce qu'elle n'en avait pas la force. Elle aurait d'ailleurs crié inutilement. Les bruits de la rue et le formidable ronflement de l'incendie auraient étouffé sa voix. Elle était sans doute hors d'état de se trainer jusqu'à l'escalier. Et, parmi les curieux entassés, Hervé était peut-être le seul qui eût aperçu la malheureuse.

Encore n'avait-il fait que l'entrevoir, car elle ne s'était montrée qu'un instant.

Mais Hervé n'était pas le seul à savoir qu'une femme allait périr. Alain aussi le savait, et mieux que personne, puisqu'il l'avait laissée là, exposée à tous les dangers de l'isolement. C'était à lui de risquer sa vie et de périr avec elle, s'il ne réussissait pas à l'arracher à la mort.

Hervé le cherchait des yeux dans la foule, s'étonnait de ne plus le voir et se demandait déjà si le gars aux biques était un lâche.

Il regretta bientôt d'avoir douté du courage de ce Breton qui avait eu le tort de quitter sa femme pour aller gagner un misérable salaire.

Alain Kernoul tenait peut-être trop à l'argent ; il ne tenait pas à sa peau.

Il se jeta en avant des travailleurs qui hésitaient, et, ramassant la hache que le caporal, repoussé par les flammes, avait laissé tomber, il attaqua vigoureusement la porte de l'allée.

Elle tomba bientôt sous les coups furieux qu'il

lui portait et il se précipita dans le corridor ouvert.

Le feu n'y était pas encore, parce qu'il y avait là des murs et non pas, comme dans les boutiques abandonnées, des cloisons de bois et des planchers vermoulus, mais la fumée avait envahi ce couloir étroit qui aboutissait à l'escalier et aussi à la cour intérieure.

C'était l'asphyxie certaine : de quoi faire reculer les plus intrépides.

Deux pompiers firent mine de suivre ce particulier qui leur montrait le chemin. Un officier les retint — par la même raison qu'à bord d'un navire, un commandant défend à ses marins de mettre une embarcation à la mer pour essayer inutilement de secourir un de leurs camarades qui vient d'y tomber par un gros temps.

Et, à vrai dire, l'officier n'avait pas tort, car tout indiquait que la tentative de sauvetage coûterait la vie à deux bons soldats, et rien ne semblait indiquer qu'il y eût quelqu'un à sauver dans la maison.

L'homme qui venait d'y pénétrer, sans prendre conseil de personne, ne pourrait s'en prendre qu'à lui-même, s'il lui arrivait malheur.

Hervé ne raisonnait pas ainsi ; il connaissait la situation, et si Alain n'avait pas commis cette généreuse folie, il l'aurait renié.

Le seigneur de Scaër aurait volontiers suivi

l'exemple de son serviteur et, s'il se tenait coi, ce n'était pas sa grandeur qui l'attachait au pavé de la rue de la Huchette. C'était la certitude d'être arrêté dans son élan par les sergents de ville qui s'évertuaient à maintenir l'ordre et à empêcher que la foule envahissante n'entravât le service des pompes.

Faute de mieux, Hervé voulait du moins signaler la présence d'une femme à l'étage le plus élevé de la maison qui brûlait, mais de l'endroit où il l'aurait lancé, l'avertissement se serait perdu dans le vacarme. Il fit si bien qu'il parvint à se pousser au premier rang et à accrocher un officier de paix qui venait d'arriver.

— Le cinquième est habité par une femme malade, lui cria-t-il en le tirant par la manche de sa capote ; elle sera brûlée si on ne va pas la chercher.

Pour toute réponse, le fonctionnaire au képi galonné lui montra du doigt les échelles qu'on avait appliquées contre la façade avant le jaillissement des flammes. Elles atteignaient à peine la hauteur du troisième étage et, comme elles allaient prendre feu, les pompiers se hâtaient de les enlever.

Restait l'escalier, et peut-être l'officier qui dirigeait les manœuvres y aurait-il aventuré ses hommes, si Hervé avait pu lui parler, mais ce chef s'était porté vers la rue Zacharie, pour y établir une nouvelle pompe, et il ne fallait pas songer à le rejoindre à travers les agents qui barraient tous les passages.

Hervé était condamné à attendre, inactif et impuissant, la fin de ce drame qu'allait probablement dénouer une double catastrophe.

Le sort de Zina était dans les mains de Dieu, comme le sort d'Alain.

Et le danger grandissait à chaque instant, car le feu dévorait aussi les trois corps de bâtiment qui bordaient le quai Saint-Michel et les deux ruelles latérales. L'incendie était partout.

Les gens attirés par ce terrible spectacle commençaient à se trouver en très fâcheuse situation. Refoulés assez brutalement par les sergents de ville et poussés en sens inverse par d'autres curieux qui venaient du boulevard, ils étaient d'autant plus en danger d'être écrasés, qu'une pompe supplémentaire arrivait à fond de train, trouant comme un boulet de canon la foule trop lente à se garer.

Depuis quelques jours, Hervé ne faisait que tomber d'une bagarre dans une autre : bagarre au bal de l'Opéra, la nuit du samedi gras; bagarre, le lendemain, sur le boulevard des Italiens. Il commençait à s'y habituer, mais il ne savait vraiment pas comment se tirer de celle-ci.

Heureusement, les foules sont comme la mer. Elles ont le flux et le reflux. La vague humaine qui avait porté Scaër devant la maison qui brûlait le rapporta sur la place Saint-Michel, où il put respirer plus à l'aise.

Elle était néanmoins fort encombrée et on n'y circulait pas facilement, car tout le quartier était sur pied et les étudiants, au lieu de monter au bal de Bullier, descendaient en masse pour voir de près un incendie de première classe.

Ces messieurs prenaient gaiement ce désastre, et Hervé comprit pourquoi, en écoutant les propos qu'ils échangeaient :

— Ohé ! la Tour de Nesle qui brûle !

— Et Marguerite de Bourgogne n'est pas dedans. C'est dommage !

— Voilà ce que c'est que de laisser aux rats une maison où on aurait pu ouvrir une brasserie superbe.

— Pichard, qui fait son droit depuis quinze ans, prétend qu'il l'a toujours vue fermée.

— Moi, j'ai toujours cru qu'on y fabriquait de la fausse monnaie.

— Tant mieux si elle est vide, après tout ! Personne ne sera rôti.

— Si j'avais seulement un petit million, j'achèterais l'emplacement et j'y fonderais la Closerie des Lilas du quai Saint-Michel.

— Il paraît, se disait Hervé, que l'immeuble géré par Mme Chauvry n'a pas bonne renommée sur la rive gauche. Je n'aurai pas de peine à m'y renseigner.

Cette pensée consolante ne pouvait pas lu faire oublier le malheureux Alain.

Hervé, maintenant, se reprochait amèrement d'avoir cédé aux prières d'Alain qui l'avait supplié de l'accompagner, ce soir-là, rue de la Huchette. S'il avait refusé, le pauvre gars serait resté au théâtre jusqu'à la fin de la réprésentation et il ne se serait pas sacrifié inutilement, car il serait arrivé trop tard.

Zina aurait péri quand même, mais Alain aurait vécu.

Et il n'était pas poitrinaire, lui, tandis que les jours de la malheureuse femme étaient comptés.

Hervé, qui la connaissait à peine, la plaignait plus qu'il ne la regrettait, mais en perdant Alain, perdait un serviteur dévoué et un auxiliaire précieux, presque un ami, et cela au moment où la rupture de son mariage l'isolait en le ruinant.

Hervé ne faisait pas ce raisonnement égoïste, et, s'il se désolait, ce n'était pas seulement parce que les services d'Alain allaient lui manquer. Hervé s'était déjà attaché à ce brave garçon et il aurait donné volontiers sa vie pour le sauver.

Il n'y fallait pas songer. Alain s'était jeté dans la fournaise, et, à l'heure présente, il devait être mort, à moins qu'un miracle ne l'eût préservé.

Hervé ne saurait à quoi s'en tenir que le lendemain, car il ne pouvait plus approcher de la maison qui brûlait. Un cordon d'agents barrait l'entrée de la rue de la Huchette, où il ne restait que les gardes municipaux et des pompiers travaillant à circonscrire l'incendie qu'ils n'espéraient plus éteindre.

La place elle-même, si vaste qu'elle fût, n'était plus tenable. On y étouffait et on s'y écrasait.

Hervé essaya de passer de l'autre côté de l'eau par le pont Saint-Michel.

L'entreprise était malaisée, car la foule, grossie de curieux venant de la rive droite s'épaississait de plus en plus.

Il parvint, cependant, à remonter jusqu'au bout du pont, mais là, au moment où il allait prendre le boulevard du Palais, une violente poussée le jeta sur le quai du Marché-Neuf et l'y bloqua.

Il était aux premières loges pour regarder l'incendie, et le spectacle était grandiose.

Les quatre façades de la maison close brûlaient en même temps et celle qui bordait le pont Saint-Michel vomissait des flammes par toutes les ouvertures. Des clartés sinistres illuminaient à la fois les paisibles eaux du petit bras de la Seine, les murailles du vieil Hôtel-Dieu et les deux tours carrées de Notre-Dame, impassibles témoins, depuis six siècles, de bien d'autres désastres.

Hervé, qui avait l'âme d'un artiste, aurait peut-être admiré ces effets de lumière, s'il eût été rassuré sur le sort du couple infortuné qui l'intéressait, mais il ne pouvait pas oublier qu'en ce moment même Zina et Alain mouraient peut-être de la plus affreuse des morts. Et il maudissait sa destinée qui le condamnait à rester spectateur impuissant de la catastrophe finale.

Elle était prochaine, cette catastrophe, car les toits flambaient et les murs n'étaient pas assez solides pour résister longtemps encore à l'action dévorante de ce feu infernal.

Bientôt, en effet, ce qui devait arriver arriva, mais le premier écroulement ne se produisit pas du côté de la rivière. Un fracas effroyable, accompagné d'une éruption de poussière et de fumée, annonça qu'une des autres façades venait de s'effondrer, celle de la rue de la Huchette, très probablement.

C'en était fait de ceux qui se trouvaient pris sous les décombres.

Des cris d'horreur s'élevèrent de la foule, comme pour protester contre la Providence qui aurait dû intervenir et sauver des innocents ; peut-être aussi, et à plus juste titre, contre l'incurie de l'administration qui avait toléré qu'au centre de Paris on laissât debout une masure dont le peu de solidité constituait une menace permanente pour les maisons du voisinage.

Ce dénouement prévu donna le signal d'une débandade générale, quoique les badauds qui avaient pris position dans la Cité ne courussent aucun danger.

Ils se mirent à fuir par toutes les issues et Hervé, entraîné par le torrent, se retrouva sur la place du Châtelet, sans trop savoir comment il y était arrivé.

La représentation avait pris fin ; les spectateurs étaient partis à pied ou en voiture, mais quelques cochers retardataires arrivaient encore, par l'avenue Victoria, pour tâcher de charger, à la sortie des artistes, des demoiselles attendues par des messieurs.

Hervé, qui ne tenait plus sur ses jambes, héla un de ces cochers, qui venait d'arrêter son cheval, tout près de la rue des Lavandières où se trouve la porte réservée au personnel du théâtre : la porte du paradis interdit aux galants qui n'ont pas leurs entrées dans les coulisses.

Un monsieur sortant de cette bienheureuse rue devança Hervé, et Hervé réclama énergiquement son droit de priorité.

— Comment ! c'est encore toi ! s'écria ce monsieur qui n'était autre que Pibrac. Tu es un joli lâcheur !... N'importe !... monte et conduis-moi au cercle. J'en ai long à te conter. Après je te laisserai le sapin et tu iras où tu voudras.

Hervé ne tenait pas à entendre le récit des mésaventures qu'il devinait, et il pestait contre la fatalité qui le condamnait à jouer aux barres avec Pibrac ; mais il lui tardait de rentrer chez lui et il monta dans la voiture où Pibrac prit place en disant piteusement :

— Margot m'a planté là, mon bon.

— Je m'en doutais un peu, murmura Scaër.

— Et pour qui ?... pour un individu qui a l'air d'un valet de chambre,

— Que veux-tu que j'y fasse ?

— Tu devrais au moins me plaindre, puisque nous sommes logés à la même enseigne. Ta blonde aussi t'a planté là... et je vois que tu ne l'as pas rattrapée.

— Je n'ai pas couru après elle.

— Et je ne courrai pas après Margot, je te prie de le croire, mais je te donne en mille à deviner ce que c'est que cet homme rasé de frais.

— Dis-le moi tout de suite, ce sera plus vite fait.

— Tu l'as peut-être remarqué. Il se tenait contre un portant, pendant que nous causions avec Margot.

— Je m'en souviens.

— Eh bien ! mon cher, c'est Bernage qui l'avait amené là.

— Bernage !...

— Parfaitement... et il a dit à ces dames que c'était un étranger, arrivé récemment à Paris et colossalement riche.

— Je m'explique maintenant que Margot ait préféré souper avec lui.

— Moi aussi, parbleu ! je me l'explique. Mais c'est un mauvais tour que Bernage m'a joué... et je lui revaudrai cela. Vous voilà brouillés ; si, comme je le suppose, tu cherches des occasions de lui être désagréable, compte sur moi ; nous serons deux contre lui, et à nous deux...

— Il n'a pas dit comment s'appelait ce monsieur, interrompit Hervé, que ce traité d'alliance ne tentait pas du tout.

— Non, grommela Pibrac, ou du moins j'ai oublié de m'en informer... mais je le saurai. Margot ne manquera pas d'afficher sa liaison avec un millionnaire, quand ce ne serait que pour faire enrager ses petites camarades... et je t'apprendrai le nom de ce nabab, si ça t'intéresse.

— Oh ! fort peu.

Hervé ne disait pas ce qu'il pensait, car l'homme que tantôt, à la porte du théâtre, il avait pris pour un espion, le préoccupait de plus belle, maintenant qu'il savait que Bernage le patronnait.

C'était encore un mauvais point à marquer à son ex-futur beau-père qui lui devenait de plus en plus suspect.

Quels liens unissaient ce financier à un personnage exotique, qui pouvait être cousu d'or, mais qui ne payait pas de mine et qui, à peine débarqué à Paris, se faisait présenter à ces demoiselles du Châtelet? Le père de Solange avait là un singulier ami et un ami avec lequel il ne se gênait guère, puisqu'il l'avait quitté pour aller, presque sous ses yeux, faire une scène à Hervé de Scaër.

Mais le moment n'était pas venu d'ouvrir une enquête sur les relations de M. de Bernage, et Hervé ne voulait pas parler à Pibrac des soupçons qui l'agitaient, pas plus qu'il ne voulait lui dire un seul mot des événements qui venaient de troubler sa vie : pas un mot de la marquise, pas un mot d'Alain.

— Alors, s'écria l'insouciant Ernest, qu'ils aillent tous au diable !... Tu as fait ton deuil de ton mariage manqué ; moi je ne pleurerai pas Margot. Parlons d'autre chose... D'où viens-tu et qu'est-ce que tu es devenu depuis que tu t'es dérobé derrière la toile du fond ?... Ta cravate est nouée de travers, ton chapeau a des bosses et ton pardessus a des accrocs... est-ce que tu es allé voir l'incendie ?...

— Comment ! tu sais ?...

— Une demi-heure après ton départ, le bruit a couru que tout le quartier Latin brûlait.

— On exagérait ; mais j'ai été en effet pris dans la foule et j'ai eu beaucoup de peine à m'en tirer.

— Pourquoi t'y étais-tu fourré ? Est-ce que ta blonde demeure par là ?

— Ah ! tu m'ennuies, à la fin ! Tu t'occupes sans cesse de cette femme. Est-ce que je m'occupe des tiennes ?

— Là !... là !... ne te fâche pas, beau ténébreux ! Je ne me permettrai plus jamais de te questionner et je reste prêt à te soutenir, si tu as guerre avec ce vieux drôle dont tu as manqué d'épouser la fille. Du reste, nous voici arrivés à la porte du cercle. Montes-tu faire une partie pour te consoler ?

— Je n'ai nul besoin de me consoler et je vais me coucher.

— Alors, bonne nuit, mon cher, conclut Pibrac en sautant sur le trottoir. Moi, je vais tailler une banque au baccarat. Depuis que Margot m'a lâché, je dois être en veine, à moins que le proverbe...

Hervé n'entendit pas la fin de la phrase, occupé qu'il était à donner au cocher l'ordre de le conduire à l'hôtel du Rhin et, une fois débarrassé de son indiscret compagnon, il se reprit à penser aux deux touchantes victimes que le caquet de Pibrac lui avait fait oublier momentanément.

Il n'espérait plus les revoir, mais il réfléchissait à la catastrophe où Alain et Zina avaient trouvé la mort, et plus il y réfléchissait, plus elle lui semblait inexplicable.

Qu'une maison très vieille eût brûlé très vite, cela se pouvait comprendre, mais que le feu eût pris dans une maison uniquement habitée par une malade qui n'en faisait pas chez elle, faute de bois pour se chauffer, c'était plus que bizarre ; et puis, comment l'incendie avait-il éclaté presque au même instant de tous les côtés de ce bâtiment à quatre faces ?

Il fallait qu'on l'eût allumé et même qu'on l'eût préparé en y entassant de matières inflammables.

Quelle main criminelle avait accompli cette sinistre besogne ? Et à qui en voulait l'incendiaire ?

Pas au ménage qu'on y avait logé par charité. En ce monde égoïste, on méprise et on délaisse les pauvres, mais on ne les hait pas.

Si le couple gênait, on se serait contenté de de le chasser.

Était ce donc pour nuire au propriétaire qu'on y avait mis le feu ? En vérité, la destruction de son immeuble ne lui aurait pas causé un bien grand préjudice, car cet immeuble n'avait pas d'autre valeur que celle du terrain sur lequel il était construit.

Que ce propriétaire inconnu, s'étant fait assurer pour une forte somme, se fût incendié lui-même, cela s'est vu, et Hervé se serait peut-être arrêté à cette supposition, si, en descendant de voiture devant son hôtel, il ne se fût souvenu subitement d'un propos rapporté par le gars aux biques.

I.

13

« Si vous couchez ici cette nuit et s'il vous arrive malheur, ne vous en prenez qu'à vous-même, avait dit à Alain Mme Chauvry.

— C'est cette femme qui a fait le coup, murmura Scaër, dernier de son nom.

V

La richesse ne fait pas le bonheur; c'est un dicton qui court et que répètent volontiers les pauvres diables, pour se consoler des injustices de la fortune. La philosophie convient aux déshérités.

Peut-être, s'ils disaient ce qu'ils pensent, au fond, tiendraient-ils un autre langage, mais il y a du vrai dans cette formule générale.

Il est difficile d'être complètement heureux sans argent, mais on peut aussi être tout à la fois très riche et très malheureux, car l'argent ne donne ni la santé, ni le contentement de soi-même, et il ne préserve pas de l'ennui, cette plaie des oisifs opulents. Encore moins préserve-t-il des soucis.

C'est pour mettre en lumière cette vérité incontestable que La Fontaine a écrit « le Savetier et le Financier ».

Sa fable s'applique surtout aux hommes qui, au lieu de jouir en paix de capitaux laborieusement acquis, ne songent qu'à les défendre et à les augmenter.

C'est le combat perpétuel qu'on appelle « les affaires »; et c'était le cas de M. Laideguive de Bernage, plusieurs fois millionnaire et pas du tout disposé à se contenter de ses millions. Mais celui-là était dans son élément naturel et il n'aspirait nullement au repos. La lutte pour l'argent, c'était sa vie.

Il ne se privait d'ailleurs d'aucune des distractions que Paris offre aux gens qui roulent sur l'or, et il était arrivé à ce moment psychologique où l'ambition vient aux capitalistes.

Charles de Bernage, spéculateur enrichi et futur candidat à la députation, n'avait jamais eu le temps de s'apercevoir qu'il lui manquait quelque chose.

Sa fille, en revanche, n'avait pas toujours mené une existence agréable. Enfermée jusqu'à dix-sept ans dans un pensionnat et fort isolée depuis qu'elle en était sortie, elle n'avait commencé à vivre, — s'il est vrai que vivre c'est sentir, — que le jour où s'était décidé son mariage avec Hervé.

Ce jour-là, seulement, s'étaient ouverts pour elle des horizons nouveaux. Elle entrevoyait un avenir de fêtes et d'indépendance qu'elle n'avait pas craint d'annoncer à son fiancé. Il ne s'agissait plus que d'attendre l'heure bénie qui allait lui apporter la joyeuse liberté qu'elle rêvait. Mais, en attendant, elle ne s'amusait guère. Ses journées s'écoulaient monotones, et les thés de cinq heures ne suffisaient pas à la distraire.

Depuis les visites qu'elle avait reçues le dimanche, elle n'avait vu personne et elle s'était mortellement ennuyée en la peu réjouissante compagnie de Mme de Cornuel.

Son père avait dîné en ville le lundi et le mardi — des dîners d'hommes, assurait-il, dans des maisons sérieuses où il ne la conduisait jamais. Et la pauvre Solange n'avait pas mis le pied dehors, de peur de se trouver mêlée à la foule inélégante qui encombre les rues de Paris, pendant les jours gras.

Solange, comme toutes les nouvelles venues dans le monde, sacrifiait ses préférences pour suivre les lois de la mode et, quoiqu'elle mourût d'envie de sortir, elle s'en privait, parce qu'il n'était pas de bon ton de se promener en même temps que le cortège du bœuf.

Elle s'était donc confinée dans l'hôtel du boulevard Malesherbes et la solitude lui avait été d'autant plus pénible à supporter qu'elle comptait sur Hervé, qui ne manquait presque jamais de venir lui faire sa cour, avant ou après le dîner.

Hervé n'avait pas paru.

Solange s'était donc levée de mauvaise humeur, le mercredi des Cendres, et, quoiqu'elle n'eût pas été élevée très religieusement, elle avait demandé à sa gouvernante de la conduire à l'église Saint-Augustin où affluaient, ce jour-là, les pénitentes de distinction.

On déjeunait à midi chez M. de Bernage qui, absorbé par ses affaires, ne prenait pas toujours part à ce premier repas. Il arrivait même quelquefois que mademoiselle déjeunait seule, parce que Mme de Cornuel était souffrante.

Mais, ce mercredi, le valet de chambre eut trois convives à servir. Le déjeuner n'en fut pas plus gai pour cela.

Solange boudait ; son père avait l'air soucieux et, contrairement à ses d'habitudes, la dame de compagnie ne desserrait les dents que pour manger.

Ce n'était pas qu'ils n'eussent rien à se dire, mais la présence d'un domestique les empêchait d'aborder des sujets intéressants — encore un des inconvénients de la richesse — et ils étaient trop préoccupés pour échanger des paroles insignifiantes.

La conversation ne s'engagea qu'au dessert, après que M. de Bernage eût renvoyé le valet de chambre, et ce fut sa fille qui entama l'entretien en disant :

— Est-ce que M. de Scaër est malade ?

— Je ne crois pas, répondit le père. Pourquoi me demandes-tu cela ?

— Parce que je m'étonne de ne l'avoir pas vu depuis dimanche.

— Est-ce à dire que tu t'affliges de son absence?

— Un peu, je l'avoue. Sans doute, il a de bonnes raisons pour s'abstenir, mais ces raisons, je voudrais les connaître, et j'exigerai qu'il me les explique. Du reste, mon cher père, je saisis l'occasion de vous déclarer que la situation n'est plus tenable ni pour lui, ni pour moi.

— Comment cela?

— Voilà six mois que nous sommes fiancés, il est temps d'en finir.

— C'est absolument mon avis.

— Alors, qu'attendez-vous pour fixer la date de notre mariage? Si vous continuez à la renvoyer aux calendes grecques, autant vaudrait décider qu'il ne se fera jamais.

— En serais-tu très fâchée? demanda Bernage en regardant sa fille dans le blanc des yeux.

Solange rougit et balbutia :

— Quelle singulière question!

— Toute naturelle, au contraire. Je tiens à connaître le fond de ta pensée.

— Sur quoi?

— Sur ce mariage, parbleu!

— Ne savez-vous pas que je le désire?

— Je sais que tu as consenti à épouser M. de Scaër...

— C'est vous qui me l'avez proposé.

— Parfaitement... mais je ne sais pas si tu y tiens.

— En vérité, mon père, je ne vous comprends pas. Où voulez-vous en venir ?

— A te prier de réfléchir, avant de te lier pour la vie.

— Encore une fois, mon père, il y a six mois que je réfléchis.

— D'accord... mais six mois ne suffisent pas toujours pour bien connaitre un homme. En affaires, il m'est arrivé souvent d'être trompé par des gens qui m'inspiraient une confiance absolue.

— En affaires, oui...

— Eh ! bien, ma chère enfant, le mariage est une affaire... où le cœur doit avoir part, j'en conviens, mais...

— Vous ne prétendez pas, je suppose, que M. de Scaër vous a trompé sur sa situation de fortune ?

— Non, certes. Je la connnaissais mieux qu'il ne la connaissait lui-même. Je savais qu'il avait dissipé son patrimoine et qu'il ne lui restait que des dettes. Elle ne pouvait donc pas empirer et je n'en ai tenu aucun compte. J'ai vu que ce jeune homme te plaisait et j'ai pu apprécier ses mérites, qui sont réels. Tu es assez riche pour te marier à ton gré. Je n'ai pas marchandé mon consentement, parce que j'avais alors la conviction que ce mariage ferait ton bonheur.

— Et maintenant vous pensez le contraire?

— Je pense que, de même qu'on peut être trompé sur le chiffre d'une dot, on peut l'être aussi sur les qualités d'un prétendu.

— Que s'est-il donc passé qui ait pu vous faire changer d'avis?

— Je vais te le dire. Réponds d'abord à une question que je vais te poser : Serais-tu heureuse avec un mari qui te donnerait sujet d'être jalouse?

— Non, répondit nettement Solange. Je veux avant tout être aimée, et si mon mari s'occupait d'une autre femme, ce serait qu'il ne m'aimerait pas.

— Je prends acte de ta déclaration.

— Et vous allez me dire que M. de Scaër a beaucoup vécu... qu'il a eu des maîtresses... Peu m'importe ! Je ne me préoccupe pas de son passé... mais s'il en avait quand nous serons mariés, j'en mourrais...

— Tu l'aimes donc... d'amour?

— Si je ne l'aimais pas d'amour, je ne l'épouserais pas... et quoi que vous en disiez, je suis sûre qu'il me sera fidèle.

— Alors, tu crois que le mariage fera de lui un autre homme?

— C'est déjà fait, et pourtant il n'est encore que mon fiancé.

— Tu affirmes ; moi, je doute.

— N'a-t-il pas renoncé à la vie qu'il menait avant de s'engager avec moi? Vous en êtes convenu vous même... vous étiez là quand il a poussé la loyauté jusqu'à s'excuser de s'être laissé entraîner au bal de l'Opéra et le scrupule jusqu'à m'en demander pardon.

— S'il n'avait pas d'autre tort que celui-là, je ne douterais pas de lui. Les drôlesses qu'on rencontre au bal de l'Opéra ne sont pas des rivales à redouter pour une jeune femme. Mais il y en a de plus dangereuses...

— Dans le monde où nous vivons, je le sais... et je ne les crains pas. M. de Scaër a fait ses preuves, dimanche, pendant la visite de Mme de Mazatlan. Je ne crois pas qu'il existe une beauté plus parfaite... et plus séduisante. Eh bien ! M. de Scaër ne s'est occupé d'elle que tout juste assez pour être poli.

— Vraiment? Il m'avait semblé au contraire que cette marquise t'inspirait de la jalousie.

— J'ai pu en concevoir, mais j'en suis vite revenue. Et la preuve, c'est que je n'ai rien dit quand vous l'avez invitée à venir nous voir en Bretagne.

— J'ai eu tort. Mon excuse est que je ne savais pas ce que je sais.

— Que savez-vous donc?

— Que cette femme n'est qu'une intrigante.

— Vous disiez qu'elle possédait à Cuba des terres... des mines...

— J'ai appris qu'elles les a vendues et qu'elle vient à Paris chercher fortune... et j'ai appris bien d'autres choses encore. Ce n'est pas pour une œuvre de charité qu'elle s'est présentée ici... c'est pour y rencontrer...

— Qui? interrompit Solange, qui pâlissait à vue d'œil.

— Tu devrais le deviner... cela m'épargnerait le chagrin de te le dire.

— Hervé?

— Eh! oui... Hervé!... et elle n'a pas perdu son temps, car ce joli monsieur est allé la rejoindre, un quart d'heure après son départ.

— La rejoindre?... Je ne comprends pas.

— Ce n'est pas M. Pibrac qui a fait appeler M. de Scaër... c'est cette marquise impudente.

— Si je croyais cela!...

— Tu peux et tu dois le croire, car je te l'affirme... et je te le prouverais sur-le-champ, s'il ne me répugnait de te le faire dire par un de mes gens qui a vu... de ses yeux vu...

— Ils se connaissaient donc avant de se rencontrer ici?

— Je ne sais pas s'ils se connaissaient, mais je suis sûr qu'ils ont fait connaissance, car... mais je vais t'affliger...

— Non... Je veux tout savoir.

— Alors, prends ton courage à deux mains, car c'est abominable ce qu'il fait là, ce fier gentilhomme. Hier soir, il était au Châtelet, dans une baignoire d'avant-scène, en tête-à-tête avec la charitable marquise de Mazatlan. J'étais entré, par hasard, à ce théâtre, et je les ai aperçus, quoiqu'ils aient essayé de se dissimuler, à grand renfort d'écrans...

— Ah! c'est infâme!

— Me reprocheras-tu encore d'avoir retardé ton mariage?

— Il faut le rompre.

— Je l'ai rompu. Je me suis fait ouvrir la loge et j'ai prié M. de Scaër d'en sortir. Il est venu et je lui ai signifié que je lui défendais de remettre les pieds chez moi. J'étais tellement indigné que j'ai agi sans te consulter. Ai-je eu tort?

Le père attendait de sa fille une approbation catégorique, il n'avait pas prévu la réponse qui fut :

— Je veux le voir.

— Et pour quoi faire, bon Dieu! s'écria M. de Bernage.

— Pour lui dire ce que je pense de sa trahison.

— Tu parles là comme une enfant. J'ai voulu, en lui signifiant son congé, t'épargner une scène pénible. Réfléchis donc à l'inconvenance d'une entrevue après ce qui s'est passé. Je doute fort, d'ailleurs, que M. de Scaër s'y prêtât. Quand on est coupable, on n'aime pas à en convenir devant celle qu'on a offensée.

— Coupable ?... L'est-il ?

— Les faits sont là. Je te répète que je l'ai surpris avec Mme de Mazatlan, dans une avant-scène où ils se cachaient.

— A-t-il avoué que cette femme était sa maîtresse ?

— L'aveu eût été superflu. Il n'a pas nié, d'ailleurs, et au lieu d'essayer de se justifier, il s'est mis en colère. Il l'a pris de très haut avec moi. Je lui ai imposé silence et je l'ai laissé là. Je ne pouvais pas pousser les choses plus loin... on ne se bat pas avec un homme qu'on avait choisi pour gendre...

— Non... mais on peut le forcer à s'expliquer.

— C'était à lui de s'expliquer... et il n'y aurait pas manqué, s'il avait eu de bonnes raisons à me donner.

— Lui en avez-vous laissé le temps ?

— Il n'avait qu'à parler. Je l'aurais écouté. Il a préféré se fâcher. Donc, il est coupable.

— Et elle ?

— La marquise ? quand je suis entré dans la loge, elle n'a pas dit un mot, mais j'ai bien vu à son air qu'elle se sentait prise. Du reste, j'ai aussitôt prié M. de Scaër de sortir. Il est sorti et elle ne nous a pas suivis. Je l'ai emmené au foyer, où, après lui avoir dit ce que je pensais de sa conduite, je lui ai déclaré que je ne le recevrais plus...

— Et il est allé la rejoindre ?

— Je le suppose, mais je n'en sais rien, car je ne suis pas resté au théâtre. Te voilà renseignée.

— Pas comme je voudrais l'être.

— Que te faut-il donc de plus ?

— Je viens de vous le dire.

— Ce n'est pas sérieusement que tu songes à interroger toi-même ce monsieur. Ce serait très maladroit, pour ne pas dire plus. Il croirait que tu tiens à lui et il abuserait de la situation.

— Il croirait ce qui est...

— Non ; tu m'as dit que tu l'aimais, c'est vrai ; mais tu as ajouté que, s'il te trompait, tu ne l'aimerais plus. Or, il te trompe et, en feignant de t'aimer, il s'est indignement moqué de toi.

— Je n'en ai pas la preuve.

— Voyons, ma chère Solange, ne déraisonne pas ! Tu souffres d'être trahie et le chagrin te souffle des résolutions folles. Je comprends cela et je ne t'en veux pas, mais je te supplie d'écouter mes conseils et de les suivre. S'ils ne suffisent pas à te convertir, consulte notre amie Mme de Cornuel. Je suis certaine qu'elle est de mon avis.

Solange fit une moue significative. Elle goûtait

peu la dame de compagnie que son père lui avait à peu près imposée, et Bernage s'aperçut qu'il faisait fausse route en proposant de s'en rapporter à l'arbitrage de la gouvernante.

C'était trop tard pour retirer sa proposition, car Mme de Cornuel s'empressa de répondre.

— J'ai jugé M. de Scaër dès le premier jour, mon cher Charles, et je n'ai pas caché à votre fille qu'à mon sens, ce mariage ne lui convenait pas du tout.

— C'est votre appréciation, interrompit Solange. Hier encore, ce n'était pas celle de mon père. Je m'en tiens à la mienne, et si je n'épouse pas M. de Scaër, je n'épouserai personne.

— Je crois, ma chère Solange, que tu te méprends sur tes propres sentiments, dit doucement M. de Bernage, mais à Dieu ne plaise que je te contraigne. Je sais fort bien que tu n'iras pas te jeter à la tête de ce jeune homme. Je puis donc m'en remettre à ta sagesse. S'il s'avisait de revenir ici, je ne refuserais pas de le recevoir, en ta présence, et je te laisserais l'interroger tout à ton aise. Je ne pense pas qu'il ose affronter cette épreuve, mais s'il l'osait, je m'abstiendrais d'intervenir.

— C'est tout ce que je vous demande, répliqua Solange avec une fermeté qui donna fort à réfléchir au père et à la gouvernante.

Tous deux étaient d'accord sur la nécessité de

rompre le mariage projeté, mais ils ne s'attendaient ni l'un ni l'autre à une résistance aussi nettement déclarée.

Solange, jusqu'alors, avait toujours pris les événements de sa vie avec une certaine insouciance. Elle n'avait pas fait de façons pour accepter, lorsque son père lui avait proposé, un beau matin, de la marier à Hervé de Scaër qu'elle connaissait fort peu, et depuis que c'était décidé, elle n'avait pas cessé de se montrer satisfaite.

Elle paraissait avoir pour Hervé une de ces affections calmes qu'on permet aux demoiselles de bonne maison, et on pouvait supposer que la rupture se ferait sans déchirement.

Il semblait maintenant que son cœur se fût mis de la partie, car au lieu de croire, sans les vérifier, aux accusations portées par son père, elle se cramponnait à une espérance chimérique. Et ces illusions-là sont particulières aux femmes aveuglément éprises.

Bernage, tout en constatant ce symptôme inquiétant, ne crut pas devoir s'en préoccuper outre mesure. Il savait bien que Scaër, brutalement évincé, n'essaierait pas de rentrer en grâce. Pour que ce Breton entêté s'humiliât jusqu'à implorer le pardon de sa fiancée, il aurait fallu qu'il fût passionnément amoureux d'elle, et Bernage était convaincu que Scaër tenait beaucoup moins à Solange qu'à la grosse fortune qu'elle devait lui apporter.

On juge les autres d'après soi.

Et si Hervé, par fierté, se tenait à l'écart, que pourrait faire pour le ramener une jeune personne bien élevée? A coup sûr, elle n'irait pas le chercher chez lui. Tout au plus, pourrait-elle lui écrire, et on le saurait; car elle n'avait pas coutume d'aller elle-même porter ses lettres à la poste.

Ainsi raisonnait ce père qui connaissait mieux le cours des valeurs que le caractère de sa fille. Et il se promettait de la surveiller pour l'empêcher de faire un coup de tête. Il comptait bien d'ailleurs lui trouver un autre mari qui serait selon son cœur, à lui, Bernage, et qu'elle finirait par accepter, ne fût-ce que pour se venger de la trahison du sire de Scaër.

Mme de Cornuel était peut-être moins rassurée sur l'avenir, mais elle n'en laissa rien paraître.

Solange, après avoir lancé son ultimatum, s'était renfermée dans un silence inquiétant. Elle s'en tenait à ce qu'elle avait dit et on voyait bien que tous les sermons du monde ne la convaincraient pas qu'il ne lui restait qu'à oublier Hervé.

M. de Bernage se dit que le temps la calmerait, tandis que la discussion ne ferait que l'exciter davantage, et jugea qu'il serait maladroit d'insister.

Il se prépara donc à lever la séance, et il commença par passer brusquement à un autre sujet de conversation.

— Ma chère amie, dit-il à Mme de Cornuel, j'aurai ce soir à dîner un ami que vous connaissez, et que vous n'avez pas vu depuis longtemps... ce brave Ricœur.

— Quoi ! Il est en France ! dit la dame.

— Oui. Il vient d'arriver à Paris. Je l'ai rencontré par hasard et j'ai eu grand plaisir à l'inviter. Nous le verrons souvent, car il va se fixer ici, et c'est un aimable homme.

Je te le présenterai, ma chère Solange, et je suis sûr qu'il t'intéressera. Il a beaucoup vu et il raconte à merveille.

— Je ne tiens pas à l'entendre, murmura la jeune fille.

— Tu changeras peut-être d'avis quand tu sauras qu'il arrive de la Havane et que c'est lui qui m'a renseigné sur cette marquise...

— Tout récemment alors, car, dimanche, vous l'avez reçue plus que poliment.

— Dimanche, je venais de causer cinq minutes avec Ricœur, sur la place de la Madeleine, mais après dix années d'absence, nous avions trop de choses à nous dire pour qu'il fût question entre nous de Mme de Mazatlan. Hier, je l'ai revu et je lui ai parlé de cette affaire de mines où j'avais eu la malencontreuse idée de me fourrer. Heureusement, il m'a édifié sur la situation actuelle de cette aventurière.

— Est-ce lui, aussi, qui vous a signalé les accointances de la marquise avec M. de Scaër ?

— Non. Ricœur ne connaît pas ce Breton. C'est le hasard qui m'a fait découvrir la vérité. Je soupçonnais déjà qu'ils s'entendaient. Je n'en avais pas la preuve. Je l'ai maintenant et je ne reverrai plus le seigneur de Scaër, mais je me propose de dire à cette femme ce que je pense de sa conduite. Qu'elle jette son bonnet par-dessus les moulins, je n'ai rien à y voir... seulement, je ne lui pardonne pas de s'être moquée de nous, et comme elle pourrait avoir l'audace de revenir chez moi, je tiens à lui notifier la résolution que j'ai prise de lui fermer ma porte.

— Alors, vous irez la voir?...

— Parfaitement. Ce serait même déjà fait, si je n'avais pas tenu à t'avertir d'abord. Elle habite tout près d'ici.

— Avenue de Villiers, je crois, demanda vivement Solange.

— Oui... au coin de la rue Guyot. Elle a loué là, tout meublé, un petit hôtel dont le propriétaire est absent pour un an. Un de ces jours, elle s'envolera vers le pays d'où elle est venue. Cette marquise d'outre-mer est un oiseau de passage, et qui sait ?... M. de Scaër s'envolera peut-être avec elle. C'est la grâce que je nous souhaite.

Solange, sans doute, ne s'associait pas au vœu exprimé par son père, et sans doute aussi elle savait tout ce qu'elle voulait savoir, car elle ne dit plus un seul mot.

Bernage, par une transition assez naturelle, était involontairement revenu au sujet d'entretien qu'il tenait à laisser de côté. Il s'en repentait déjà et, de peur de retomber dans la même faute, il se leva de table ; Mme de Cornuel le suivit dans le salon, en lui demandant tout haut pour le dîner du soir des instructions dont elle aurait pu se passer, sachant très bien sur quel pied d'intimité Bernage était avec son invité, qu'elle connaissait de longue date.

Solange devina sans peine que la dame prenait ce prétexte pour s'en aller conférer en tête-à-tête avec son vieil ami, et elle s'empressa de regagner son appartement de jeune fille.

Ce n'était pas pour y pleurer l'abandon où la laissait son fiancé qu'elle s'y réfugiait, ni même pour s'y confiner.

Elle avait un projet arrêté et elle ne perdit pas une minute pour le mettre à exécution.

Solange avait conservé du pensionnat l'habitude très louable de s'habiller dès le matin et d'ailleurs, ce jour-là, elle était allée à l'église avant le déjeuner. Elle n'eut qu'à mettre son chapeau sur sa tête et un manteau sur ses épaules pour être prête, et il lui était facile de sortir de l'hôtel sans être vue.

Les fenêtres de sa chambre donnaient sur le jardin, où elle pouvait descendre par un escalier particulier, et elle avait la clé d'une petite porte qui s'ouvrait, au fond de ce jardin, sur la rue de la Bienfaisance.

Jamais son père n'entrait chez elle; sa gouvernante y venait très rarement. Ils ne s'apercevraient pas de son absence.

Le temps avait changé depuis la veille. Le ciel se couvrait de nuages chargés de neige et le jour tournait au crépuscule, quoiqu'il fût à peine deux heures. Un temps fait à souhait pour courir les rues *incognito*.

Solange, une fois hors du jardin, rabattit sa voilette sur son visage et fila, en rasant le mur, vers le boulevard Malesherbes.

Où allait-elle ? Bien fin qui l'eût deviné. Les rares passants qui remarquaient son allure furtive devaient croire que cette femme voilée venait de quitter clandestinement un toit conjugal pour courir au rendez-vous donné par un amant.

Elles ont toutes, en ces occasions, une façon de se couler le long des maisons qui les signale à l'œil exercé d'un vieux Parisien.

Et, cette fois, le plus habile se serait mépris,

car Solange n'avait pas de mari à tromper et ce n'était pas précisement l'amour qui l'avait attirée hors de l'hôtel de Bernage, quoique l'amour fût pour quelque chose dans cette escapade.

Son père, s'il eût été là, aurait peut-être pensé que, pour lui forcer la main, elle avait résolu de se compromettre avec Hervé de Scaër et qu'elle se hâtait ainsi vers l'hôtel du Rhin où il logeait. Il n'aurait certes pas soupçonné l'étrange dessein qui s'était logé dans cette tête exaltée et il eût été bien surpris de la voir remonter le boulevard Malesherbes.

Ce n'était pas le chemin de la place Vendôme.

Elle marchait d'un pas ferme et rapide, contre une bise glacée qui lui coupait la figure à travers son voile, sourde aux appels des cochers maraudeurs, et indifférente aux œillades des messieurs qu'elle croisait.

C'était la première fois qu'il lui arrivait de circuler seule, à pied, dans ce Paris où les jeunes filles bien nées ne s'aventurent guère sans un chaperon — ce chaperon fût-il une simple femme de chambre — et à la voir ainsi, alerte et décidée, on eût dit qu'elle n'avait de sa vie fait autre chose.

Elle eut tôt fait d'arriver, en traversant le boulevard de Courcelles, à la place Malesherbes, et elle continua, en obliquant à gauche, par l'avenue de Villiers.

Là commence un quartier où les hôtels particuliers, grands ou petits, ont poussé comme des champignons.

Les peintres ont commencé. Ceux-là avaient une raison pour aller s'établir sur les sommets. Ils ont besoin de la claire lumière qui vient du Nord et, au cœur de la ville, l'espace et le jour manquent pour installer commodément un atelier. Et puis un artiste propriétaire est nécessairement un artiste arrivé et il fait payer ses tableaux en conséquence.

Les demi-mondaines ont suivi. Pour elles, le petit hôtel, c'est le signe visible du grade gagné par de brillants succès dans l'armée de la galanterie. Paris leur doit des rues nouvelles. Elles ont hérissé de bâtisses les terrains vagues et elles reçoivent leurs amis, qui s'en plaignent, dans des parages où on allait chasser au furet sous le règne de Charles X.

Enfin, la bourgeoisie est venue. Les habitudes anglaises se sont implantées en France, et la manie du chez-moi — du *home*, comme disent nos voisins d'outre-Manche — a gagné les Parisiens. Les riches, qui se contentaient jadis d'un bel appartement au premier étage, dans un quartier central, se croient obligés, maintenant, d'habiter une maison à eux appartenant, à plusieurs kilomètres de la Bourse et du Palais-Royal.

Ils s'y ennuient à mourir, mais ils sont *dans le train*. Ils ont un hôtel, et cela suffit à les consoler de l'isolement.

Les architectes ont profité de cette manie pour se donner carrière. Ils ont bâti à tort et à travers, dans tous les styles, et imité toutes les époques.

Il y avait sous Louis XV des Folies-Beaujon, des Folies-Méricourt et autres fantaisies immobilières des financiers de ce temps-là ; il y a maintenant des Folies « n'importe qui » copiées sur leurs devancières. Il y a des castels en briques, dans le goût Louis XIII. Il y a même des constructions agrémentées de tours, de barbacanes et de machicoulis, auxquelles il ne manque guère que la patine du temps pour avoir l'air de châteaux-forts du moyen âge.

L'hôtel de Bernage ne ressemblait pas à ces immeubles excentriques. C'était un hôtel sérieux, situé sur un boulevard où les terrains valent très cher. Son propriétaire aurait dédaigné les colifichets du quartier Villiers, et Solange, qui sortait de l'imposante demeure paternelle, ne les regardait guère, quoiqu'elle les vît pour la première fois. Elle ne poussait pas plus loin que le parc Monceau ses promenades accompagnées. Tout au plus, lui était-il arrivé de passer en voiture par cette avenue qui n'aboutit qu'aux fortifications. Mais elle savait à peu près où se trouvait la rue Guyot, qui s'appelle aujourd'hui la rue Fortuny et qui était déjà habitée par des peintres en vogue dont lui parlaient les amies qu'elle recevait à ses thés de cinq heures.

C'était, avait dit son père, au coin de cette rue et de l'avenue de Villiers que s'était logée Mme de Mazatlan, et c'était chez cette marquise qu'elle se rendait bravement, comme un soldat marche à l'ennemi, sans s'inquiéter de l'issue de la rencontre qu'il va chercher.

Solange était ainsi faite qu'elle ne pouvait pas supporter l'incertitude, et son tempérament la portait toujours aux résolutions extrêmes. Si elle n'avait pas risqué de courir à l'hôtel du Rhin chercher une explication, c'est qu'elle craignait de n'y pas rencontrer Hervé de Scaër, qui n'avait pas coutume de passer ses journées dans sa chambre d'auberge ; mais elle voulait à tout prix savoir ce qu'il y avait de vrai dans les déclarations de son père qui lui semblaient suspectes, et, en attendant qu'elle pût mettre au pied du mur son fiancé, l'intrépide jeune fille allait interroger sa rivale. Démarche hardie, assurément, mais non pas déraisonnable, puisqu'elle devait être décisive.

Et elle l'exécutait avec une énergie sans pareille, car la neige commençait à tomber, comme si le ciel eût voulu la contraindre à rebrousser chemin.

Les passants se hâtaient, chassés par la bourrasque, et elle ne tarda guère à se trouver seule sur cette large voie qui se couvrait d'un tapis blanc, mais elle touchait au terme de cette expédition aventureuse, car elle apercevait le nom de la rue Guyot sur la plaque collée à une maison d'angle.

Il y avait deux maisons, une grande et une petite, ayant toutes les deux apparence d'hôtel. Mme de Mazatlan, affirmait Bernage, en occupait une. Mais, laquelle? Solange pensa que c'était la plus grande qui semblait mieux que l'autre convenir à une marquise richissime ou soi-disant telle. Et elle allait se décider à sonner à la grille de cette importante habitation, lorsqu'elle vit sur le trottoir un facteur de la poste qui en sortait.

Ce facteur devait connaître l'adresse de la dame, et Mlle de Bernage osa l'arrêter pour la lui demander. A quoi il répondit que la marquise demeurait en face et que, justement, il allait de ce pas y porter une lettre qu'il venait de tirer de sa boîte et qu'il tenait à la main, une lettre sur laquelle Solange reconnut tout de suite l'écriture du dernier des Scaër, une grosse écriture ronde qu'il était impossible de confondre avec une autre.

Solange tressaillit, et peu s'en fallut qu'elle ne renonçât à son projet. Hervé en était à écrire à cette femme que, deux jours auparavant, il feignait de ne pas connaître ; donc, il n'y avait plus à douter de son infidélité, mais la scabreuse visite lui procurerait du moins la satisfaction de forcer la marquise à rougir de sa conduite et, après avoir hésité un instant, elle suivit le facteur qui traversait la rue.

L'hôtel de Mme de Mazatlan était d'apparence modeste et on y entrait par une porte bâtarde. A côté, il y avait un terrain à vendre. En ce temps-là, ils ne manquaient pas dans cette rue assez récemment percée. La marquise n'avait pas de voisins et sa suite, si elle en avait une, ne devait pas être nombreuse, car le logis n'avait que deux étages, en y comprenant un rez-de-chaussée surélevé. Pas de remise, pas d'écurie. Sans doute, elle louait au mois la voiture et les chevaux dont elle se servait. Mlle de Bernage, accoutumée à juger la situation de fortune des gens d'après leur train de maison, commençait à penser que la dame n'était pas si millionnaire qu'elle l'avait cru.

Peu importait, d'ailleurs, qu'elle fût riche ou non, car si Hervé s'était amouraché d'elle, ce n'était assurément pas pour les beaux yeux de sa cassette.

Le facteur sonna. On le fit attendre un peu, puis la porte s'ouvrit et sur le seuil parut un homme qui n'avait ni la livrée ni la mine d'un laquais. Grand, sec et vieux, avec son teint basané et ses cheveux gris, il avait plutot l'air d'un de ces intendants de grande maison comme on en voit en Espagne chez les seigneurs qui ont le droit de se couvrir devant le Roi.

Sans desserrer les dents, il prit la lettre que lui présentait le facteur et il allait refermer la porte, lorsque Mlle de Bernage s'avança et lui demanda si sa maitresse était visible.

Et, comme cet imposant serviteur ne se pressait pas de répondre, elle ajouta :

— Dites-lui que je viens de la part de M. Hervé de Scaër.

Ce coup d'audace était une imprudence, car la marquise — si M. de Bernage ne l'avait pas calomniée — allait se mettre en garde contre une messagère anonyme qui se disait envoyée par Hervé. De deux choses l'une : ou elle refuserait de la recevoir,. ou, si elle la recevait, elle ne manquerait pas de lui dire en face : vous mentez.

Et l'explication qui commencerait ainsi ne pouvait que mal tourner. Mais Solange prévoyait que, dans tous les cas, cette explication serait orageuse, et elle aimait autant casser les vitres, dès le début. Ce qu'elle craignait, c'était d'être consignée à la porte et elle regrettait d'avoir cédé à un premier mouvement qui l'avait poussée à jeter comme un défi le nom de son fiancé.

Il se trouva qu'elle avait, sans le savoir, prononcé le « Sésame, ouvre-toi ! » du conte des *Mille et une Nuits*.

Au nom de Scaër, l'homme vêtu de noir s'inclina respectueusement et dit, avec un accent espagnol très prononcé :

— Si Madame veut bien me suivre, je vais prévenir Mme la marquise.

Et il précéda la prétendue ambassadrice d'Hervé dans un vestibule plein de fleurs où se dressait, portant un plateau entre ses pattes, un gigantesque ours empaillé.

L'hôtel appartenait à un Russe, absent, qui l'avait meublé à la mode moscovite, et loué pour un an, avec le mobilier, à Mme de Mazatlan.

Ce boyard n'avait pas dû y mener une vie édifiante, car le domestique introduisit et laissa Mlle de Bernage dans un boudoir garni de divans circulaires et tapissé de glaces, qui aurait pu convenir à une horizontale de grande marque.

Solange était trop surexcitée pour remarquer tout cela, mais elle s'abstint de s'asseoir, afin de marquer par son attitude qu'elle ne venait pas causer avec une amie. Elle alla se camper, debout, près d'une fenêtre qui donnait sur le terrain à vendre et elle attendit là l'entrée de la marquise.

Elle ne prit pas la pose d'une actrice de mélodrame, les bras croisés et la tête rejetée en arrière, mais elle était très pâle et ses yeux étincelaient. Son cœur battait la charge et il y avait de quoi, car elle allait jouer son bonheur comme un duelliste joue sa vie.

Par moments, elle se reprenait à espérer que son père s'était trompé — peut-être volontairement — et que Mme de Mazatlan allait, d'un mot, mettre fin à un malentendu funeste ; puis, elle se disait que la trahison n'était pas douteuse et qu'il ne lui restait qu'à forcer la marquise à en convenir.

Triste satisfaction qui ne la consolerait pas d'avoir été trahie.

Le temps qu'il faisait dehors était en harmonie avec l'état de son âme. La neige tombait à gros flocons et le jour blafard qui pénétrait à travers les rideaux de la fenêtre éclairait à peine ce petit salon, où il n'y avait pas de feu dans la cheminée.

Solange entrevit une main qui soulevait une portière de soie, puis, une femme se montra qu'elle reconnut aussitôt, à la lettre décachetée qu'elle venait de lire et qu'elle tenait encore : la lettre d'Hervé.

C'était la marquise.

Sa longe tournait le dos au jour et Mme de Mazatlan ne distinguait pas très bien les traits de son visage.

Ce fut la répétition de ce qui s'était passé, le dimanche gras, dans le petit salon de l'hôtel de Bernage, avec cette différence que le dernier des Scaër n'était pas là et que la visiteuse se trouvait dans l'ombre, tandis que la dame du logis s'avançait en pleine lumière.

— Vous venez, dites-vous, de la part de M. de Scaër, commença la marquise. Il s'est donc ravisé ?

— Je ne viens pas de la part de M. de Scaër, répondit froidement Solange.

— Vous ici, Mademoiselle ! s'écria Mme de Mazatlan qui venait enfin de reconnaître la visiteuse.

— Vous vous étonnez de m'y voir. Je m'en étonne plus que vous et je vais vous dire pourquoi j'y viens.

— J'allais vous le demander.

— Vous ne le devinez pas, après avoir lu cette lettre que vous tenez à la main ?

— Cette lettre ?...

— Elle est de lui, j'en suis certaine. J'ai vu le facteur la remettre et, sur l'adresse, j'ai reconnu l'écriture...

— De M. de Scaër. En effet, il m'annonce un malheur. Mais il ne me parle pas de vous, Mademoiselle. Qui peut vous faire croire que...

— Je sais ce qui s'est passé, hier soir, au théâtre du Châtelet.

— Ah!... et comment le savez-vous?

— Mon père m'a dit que vous occupiez une avant-scène avec M. de Scaër.

— Pourquoi m'en cacherais-je? Votre père est venu y chercher M. de Scaër. Ils sont sortis ensemble de la loge où j'étais et je ne les ai plus revus.

— Je vais vous l'apprendre. Ils ont eu une explication très vive. Mon père a blâmé M. de Scaër de s'afficher...

— S'afficher! répéta la marquise avec hauteur; voilà un mot qui ressemble fort à une impertinence à mon adresse. M. de Scaër et moi, nous sommes du même monde, et je n'admets pas qu'il se soit compromis, ni qu'il m'ait compromise, en se montrant avec moi au spectacle.

— Non, s'il eût été de vos amis, mais vous l'aviez vu pour la première fois l'avant-veille. Du reste, mis en demeure par mon père de se justifier, M. de Scaër n'a pas daigné se justifier.

— Il a bien fait. Un galant homme ne doit pas se défendre contre certaines accusations... je ne me défendrais pas, moi qui suis une femme.

Ce fut dit d'un tel ton que Mlle de Bernage modéra le sien.

— Alors, demanda-t-elle, entre vous et lui... il n'y a... rien que...

— Que supposez-vous donc, Mademoiselle?

— Qu'il m'a trahie, murmura la jeune fille d'une voix étouffée. Mon père n'en doute pas et il a rompu mon mariage.

— Que me dites-vous là ?

— La vérité, Madame. Ne le savez-vous pas ?

— Comment le saurais-je, puisque je n'ai pas revu M. de Scaër ? Et... il a accepté la rupture ?

— Il l'a presque provoquée.

— Il est très vif. M. de Bernage l'aura blessé.

— S'il m'aimait, il aurait supporté les duretés de mon père.

— Et, depuis hier, il n'a pas essayé de se disculper ?

— Non, Madame. Que dois-je penser de cette façon d'agir ? Je suis venue ici tout exprès pour vous le demander.

Mme de Mazatlan tressaillit. La franchise de cette déclaration la touchait. Elle aurait voulu prouver à cette jeune fille que son fiancé n'avait rien à se reprocher ; mais comment lui faire comprendre pourquoi Hervé était venu la rejoindre au théâtre ? Il aurait fallu lui parler d'une histoire que, pour plus d'une raison, elle ne pouvait pas lui confier.

— Je vous remercie, Mademoiselle, de vous adresser à moi, dit-elle après un court silence. Je suis prête à vous répondre. Mais j'ai aussi une question à vous poser : votre père est-il informé de la démarche que vous faites en ce moment ?

— Non, Madame. Il s'y serait probablement opposé. Je ne l'ai pas consulté.

— C'est bien, Mademoiselle. A vous, je puis dire la vérité. M. de Scaër et moi nous nous sommes associés pour coopérer à une bonne œuvre.

— La fondation de cet hôpital? demanda ironiquement Solange.

— Non. Il s'agit de tout autre chose... M. de Scaër s'est offert à me seconder dans une entreprise.

— Il s'est offert, dites-vous?... c'est singulier!... vous ne le connaissiez pas avant de le rencontrer chez mon père.

— Je le connaissais de nom depuis longtemps... depuis plus de dix ans... et plus récemment, j'ai fait un voyage en Bretagne où j'ai beaucoup entendu parler de lui. J'ai été très heureuse de le voir. Il pouvait m'être d'un grand secours pour réparer le mal que d'autres ont fait. Je n'ai pas hésité à lui écrire et, comme je préférais ne pas le recevoir chez moi, je l'ai prié de venir me rejoindre au théâtre du Châtelet où j'avais une loge, hier soir. J'avais choisi ce lieu de rendez-vous tout exprès pour éviter les propos de mes gens. Ils auraient pu dire aux vôtres que j'avais eu la visite de votre fiancé. Au théâtre, je comptais qu'on ne nous verrait pas. Il en est advenu autrement. M. de Bernage a mal interprété la présence de M. de Scaër dans l'avant-scène que j'occupais. S'il avait bien voulu m'entendre, tout se serait expliqué très vite. Il a mieux aimé s'en prendre à M. de Scaër, qui s'est fâché... avec raison. Je n'ai rien à me reprocher.

— Pardon, Madame... vous me disiez tout à l'heure que vous étiez prête à m'apprendre pourquoi M. de Scaër s'est soumis, sans réclamer, à l'exclusion que mon père lui a signifiée.

— Je le ferai... dès que j'aurai revu M. de Scaër, mais je ne puis pas deviner les motifs de son silence.

— Je les devine, moi, murmura Solange qui avait les larmes aux yeux. Il s'est tu, parce qu'il ne m'aime plus, si tant est qu'il m'ait jamais aimée. Et s'il ne m'aime plus, c'est qu'il en aime une autre... vous, sans doute.

La marquise ne put s'empêcher de rougir. Elle aussi s'était demandé déjà si elle n'avait pas inspiré à Hervé un sentiment plus vif que de la sympathie, et elle n'avait pas tenté de savoir à quoi s'en tenir. Hervé ne s'était pas encore catégoriquement prononcé sur la nature de celui que lui inspirait Mlle de Bernage. Et avant d'aller plus loin, Mme de Mazatlan tenait à connaître l'état du cœur de cette jeune fille qui abordait si hardiment et menait si rondement les interrogatoires.

— Et vous, demanda-t-elle, l'aimez-vous ?

— Oui, puisque je suis venue ici, répondit Solange sans hésiter. Croyez-vous donc que vous m'auriez vue chez vous, si je ne souffrais que dans mon amour-propre ? La blessure que j'ai reçue est plus profonde et je sens que je n'en guérirai pas.

— Avez-vous dit cela à votre père?

— Je lui ai dit que si je n'épousais pas M. de Scaër, je ne me marierais jamais. Il n'a pas paru me croire et il a affecté de me parler d'un ami à lui qui vient d'arriver à Paris après de longs voyages et qu'il doit me présenter ce soir. Quand je lui ai déclaré que je voulais interroger moi-même M. de Scaër, il m'a affirmé que M. de Scaër, se sentant coupable, n'oserait pas reparaître devant moi. Et mon père a ajouté qu'à vous, Madame, il viendrait notifier la résolution qu'il a prise de ne plus vous recevoir.

— Engagez-le à s'en dispenser. Je ne veux pas le revoir. Quant à vous, Mademoiselle, je vous prie de ne pas me croire votre ennemie. Vous faites ce que je ferais peut-être si j'étais à votre place. Quoi qu'il arrive, je ne garderai de votre visite qu'un bon souvenir.

— Mais vous continuerez à voir M. de Scaër, dit amèrement Solange.

— Oui. Nous nous sommes alliés pour accomplir une œuvre de réparation et de justice... je vous l'ai déjà dit.

— Quelle œuvre ?... apprenez-le moi, si vous voulez que je vous croie.

— Je ne puis. C'est un secret.

— Entre vous et lui !... Ah ! je comprends que vous me le cachiez !

— Ce secret, vous le saurez peut-être un jour... quand nous aurons atteint le but que nous poursuivons, et alors vous reconnaitrez que vos soupçons n'étaient pas fondés. Jusque-là, je dois me taire.

— Soit !... mais si vous tenez à me prouver que j'ai tort, que ne me montrez-vous cette lettre que vous venez de recevoir ?

A cette nouvelle audace, la marquise se cabra comme un cheval de sang, brusquement attaqué par un cavalier brutal. Elle allait de la main montrer la porte à la fille de M. de Bernage, mais elle ne fit qu'esquisser le geste, et, maitrisant sa juste colère, elle dit à Solange, en lui mettant sous le nez la lettre dépliée :

— Lisez !

Et comme Solange, déconcertée, hésitait, elle reprit :

— Lisez tout haut !

Solange obéit. Hervé avait écrit :

« Alain et sa femme ont péri cette nuit, victimes d'une catastrophe préparée, je n'en doute pas, par les assassins d'Héva. Il faut que je vous voie aujourd'hui et je vous supplie de me recevoir. Je vais quitter la France. Vous vous chargerez de venger nos morts. »

C'était tout. Pas un mot de la rupture du mariage ; pas même une formule de politesse en tête ou au bas de ce billet laconique.

Rien que la signature : « Hervé de Scaër. »

Solange, n'en pouvant croire ses yeux, restait tout interdite.

— Mademoiselle, reprit sèchement la marquise, maintenant que j'ai fait ce que vous désiriez, vous devez être fixée sur l'origine des relations que j'ai nouées avec M. de Scaër. Nous en resterons là, si vous le voulez bien. Je n'ai plus rien à vous dire.

— Un crime! balbutia la jeune fille.

— Oui, un crime... ou plutôt des crimes... que ni M. de Scaër ni moi n'avons commis. Ne m'en demandez pas davantage. Je ne vous répondrais pas.

Solange aurait sans doute insisté. Le bruit clair d'un timbre l'empêcha de parler : un bruit qu'elle connaissait bien pour l'avoir entendu dans l'hôtel de son père, quand le concierge annonçait une visite au valet de pied de service.

Au même instant, l'homme vêtu de noir reparut.

— Reconduisez Madame, lui dit la marquise.

Matée, vaincue, bouleversée, Mlle de Bernage

suivit silencieusement ce marjodome qui l'accompagna jusqu'à la porte de la rue.

La neige tombait toujours et c'était pitié de mettre une femme dehors par le temps qu'il faisait. L'Espagnol y mit Solange, sans sourciller, et pendant qu'il l'y mettait, Mme de Mazaltan passa dans un autre salon où l'attendait Hervé qui venait d'arriver.

Elle comptait sur sa visite annoncée par le billet qu'elle avait reçu, et comme Mlle de Bernage s'était présentée en même temps que le facteur, elle avait donné à son intendant Dominguez l'ordre d'introduire M. de Scaër dans une autre pièce que le boudoir, si la visiteuse était encore là lorsqu'il viendrait.

Elle trouva Hervé aussi ému qu'elle l'était elle-même.

— C'est donc vrai! lui demanda-t-elle en lui tendant la main, ce pauvre Alain?...

— La maison qu'il habitait a brûlé cette nuit. Il s'y est jeté pour sauver sa femme malade... la maison s'est écroulée et ils sont restés écrasés sous les décombres.

— C'est épouvantable!... mais... partir, vous!... quitter la France!

— Il le faut.

— Et pourquoi?

Hervé ne répondit pas et la marquise reprit:

— Est-ce parce que votre mariage est rompu?

— Mon mariage! s'écria Hervé. Comment savez-vous ?...

— Je viens d'apprendre ce qui s'est passé, hier soir, au théâtre, entre vous et M. de Bernage.

— Aurait-il eu l'audace de venir ici ?

— Non, c'est sa fille qui est venue. Elle est partie, mais elle était encore là quand vous avez sonné.

— Sait-elle que c'était moi qui arrivais ?

— Je me suis bien gardée de le lui dire. Il y aurait eu une scène pénible. J'avais déjà trop souffert de celle que j'ai subie.

— Une scène !... à vous, Madame ?

— Mon Dieu, oui... une scène de jalousie. Mlle de Bernage, ne sachant si elle devait croire aux affirmations de son père, a eu le courage de venir me demander si je lui ai pris votre cœur. Je l'ai rassurée et je ne lui en veux pas, car sa démarche prouve qu'elle vous aime.

— Je n'en sais rien, mais je n'oublierai pas l'injure que son père m'a faite. Vous me demandez pourquoi je veux quitter la France ? Parce qu'il n'y a plus de place pour moi dans un pays où j'ai reçu un affront que je ne peux pas venger, car cet homme, si je le provoquais, refuserait de se battre avec moi, sous prétexte que j'ai failli être son gendre.

— Ainsi, vous renoncez à épouser Mlle de Bernage ?

— Sans regret, je vous le jure... et j'espère, Madame, que vous me pardonnerez de vous laisser seule en face des assassins d'Héva.

— Au moment où ils viennent, dites-vous, de commettre un nouveau crime !

— Je n'ai plus d'armes pour lutter contre eux.

— Plus d'armes !... Qu'entendez-vous par ces paroles ?

Hervé hésita un peu. Il lui en coûtait d'avouer à Mme de Mazatlan qu'il allait s'expatrier parce qu'il était ruiné. Il se décida pourtant à répondre :

— L'argent est le nerf de la guerre et je n'ai plus d'argent.

— N'est-ce que cela ? s'écria la marquise. J'en ai, moi.

— Oui.. je sais que vous êtes riche et je sais encore mieux que je suis pauvre. Pour entreprendre une campagne contre tous ces misérables, je serais un allié inutile... et gênant. La rupture de mon mariage me rejette dans la situation où je me trouvais il y a un an. Si je n'étais pas forcé de partir, je ne m'affligerais pas de cette rupture, car, en devenant le gendre de cet homme, j'aurais vendu mon nom pour racheter mes terres. Mieux vaut que j'aille chercher fortune en Australie ou ailleurs. Mais il me reste à peine de quoi tenter cette chance et je ne veux pas user sur le pavé de Paris mes dernières ressources.

— Je vous comprends, Monsieur, et je vous approuve... Il ne s'agit pas, je pense, de partir immédiatement?

— Non, Madame. Ma résolution est prise, mais je puis encore tenir ici quelques semaines.

— C'est plus de temps qu'il ne faut pour venger nos morts... comme vous me l'avez écrit dans cette lettre que j'ai montrée à Mlle de Bernage.

— Quoi! elle sait...

— Je venais de la recevoir et je la tenais à la main. Mlle de Bernage a reconnu votre écriture et elle m'a sommée de la lui laisser lire. J'y ai consenti pour lui prouver que ce n'était pas un billet doux. J'ai eu tort de céder à mon premier mouvement... à cause de l'allusion aux crimes dont nous cherchons les auteurs... mais cette allusion, Mlle de Bernage ne l'a pas comprise.

— Oh! peu m'importe!... et si je pouvais croire que vous êtes sur la trace des assassins...

— Vous n'en douterez pas quand j'aurai complété les renseignements que je vous donnais hier, dans la loge, au moment où M. de Bernage y est entré. Mais, d'abord, apprenez-moi comment est mort ce malheureux garçon que vous m'avez montré sur la scène du Châtelet et que j'avais vu en Bretagne. Vous dites que les assassins d'Héva l'ont tué. Que leur avait-il donc fait ?

— Ils ont peut-être découvert qu'il me connaissait.

— Je ne sais rien de lui. Au théâtre, vous ne m'avez pas dit comment il s'appelait. En lisant votre lettre, j'ai deviné qu'il s'agissait de lui, parce que je savais que ce nom d'Alain est un nom Breton... j'ignorais qu'il était marié.

— Oui... c'est une longue histoire que je ne pouvais pas vous dire au théâtre et qu'il faut que vous sachiez pour comprendre l'épouvantable dénouement qu'elle a eu.

Scaër raconta les touchantes et douloureuses aventures du pauvre gars aux biques, depuis sa fuite de Trégunc à la suite d'une troupe de bohémiens, jusqu'à son arrivée à Paris avec Zina.

Quand il en vint à l'installation du ménage dans la maison de la rue de la Huchette, M%me de Mazatlan, qui s'était attendrie en écoutant la première partie du récit, devint plus attentive et ne se priva pas d'interrompre le narrateur pour lui demander :

— Comment était cette femme qui leur a offert de les loger ?

Hervé, ne l'ayant jamais vue, ne pouvait pas fournir son signalement, mais il dit tout ce qu'il savait sur elle et il aborda ensuite un sujet qui se rattachait indirectement à celui-là.

Il parla du carnet volé au bal de l'Opéra et des indications qui se rapportaient si bien à la maison brûlée.

La marquise redoublait d'attention et sa figure s'éclairait de la satisfaction que procure la trouvaille inattendue d'une solution longtemps cherchée, mais cette solution, elle attendait pour la formuler que Scaër eût tout dit.

Il alla jusqu'au bout de ce compte rendu. Il expliqua comment Alain avait dû périr, victime de son dévouement aussi inutile qu'héroïque et pourquoi il n'espérait plus le revoir. Il ne doutait pas que le feu n'eût été mis volontairement, mais il doutait que les incendiaires l'eussent mis pour se défaire d'Alain et de Zina, car ils ne pouvaient pas prévoir que le gars, qui était sorti pour aller figurer au Châtelet, reviendrait se jeter dans la fournaise de la rue de la Huchette, et l'invitation à déménager lancée par l'énigmatique Mme Chauvry semblait démontrer que les gens qui tenaient à détruire la maison ne tenaient pas essentiellement à détruire en même temps les locataires. Ils ne tenaient pas non plus à les sauver, puisqu'ils n'avaient pas voulu différer jusqu'après leur départ l'exécution de leur criminel projet.

De tous ces faits contradictoires, il était difficile de tirer une conclusion, et, cependant, dès qu'Hervé eut fini de les exposer, la marquise n'hésita pas.

— J'ai compris, dit-elle. Cette maison est celle où Georges Nesbitt voulait loger sa nièce et sa belle-sœur, quand il les a appelées en France. Il venait de l'acheter, et il allait la faire aménager pour l'habiter avec elles quand il est parti brusquement. Il n'a pas pu la vendre, puisqu'il n'a plus reparu. Elle doit lui appartenir encore, s'il est vivant. On a profité de son absence pour y attirer Héva et sa mère. C'est là qu'on les a tuées... et qu'on les a enterrées. Le hasard y a amené le malheureux Alain en le mettant sur le chemin de cette femme qui cherchait un pauvre diable pour en faire un gardien... un surveillant... elle craignait que des rôdeurs ne s'introduisissent la nuit dans cette maison abandonnée et n'y découvrissent les cadavres... ou... qui sait?... la fortune de Nesbitt, que les assassins y auraient cachée, après l'avoir tué, lui aussi.

— Je commence à le croire, murmura Hervé ; mais pourquoi se sont-ils ravisés?... pourquoi ont-ils mis le feu?

— Parce qu'ils ont su que nous les cherchions.

— Comment l'auraient-ils su?

— Vous rappelez-vous que je vous ai parlé d'un certain Berry qui vint, il y a dix ans, attendre et recevoir, à Brest, Héva Nesbitt et sa mère?...

— Et qui plus tard, à la Havane, entra au service de votre mari.

— Il est à Paris, je vous l'ai dit. Dominguez, mon vieil intendant, l'a rencontré et l'a reconnu. Berry, de son côté, a reconnu Dominguez. Il l'a suivi, il s'est informé et il a appris que je demeure ici. Il a dû se mettre en rapport avec son complice d'autrefois.

— Un riche négociant...

— Négociant, il ne l'est plus, mais il est toujours très riche. Berry, qui n'a pas fait fortune, a dû lui demander de payer son silence... en le menaçant de le dénoncer à la justice.

— C'est assez vraisemblable, mais cela n'expliquerait pas l'incendie.

— Supposez que Berry nous ait vus ensemble et que son complice nous connaisse.

— Eh bien?

— Dans ce cas, Berry n'a certainement pas manqué d'avertir ce complice du danger qui les menaçait, car Berry a su, à la Havane, que leurs victimes étaient mes parentes et il a pu deviner que je suis venue en France pour tâcher de retrouver leurs traces. Les deux scélérats s'étaient mis d'accord; ils ont pensé d'abord à anéantir la preuve de leur crime et ensuite à se débarrasser de nous : de moi, parce que je cherche mes parentes disparues; de vous, parce qu'ils savent que ce carnet est entre vos mains, depuis le bal de l'Opéra.

— Vous croyez donc qu'on l'a volé à l'un d'eux?

— Je n'en doute pas et vous n'en douterez pas non plus quand je vous aurai nommé le grand coupable... celui qui a bénéficié du crime.

— Nommez-le donc !

La marquise ne se hâta point et il y eut un silence, mais cette fois personne ne survint pour l'empêcher de prononcer ce nom qu'elle avait eu sur les lèvres, la veille, au théâtre du Châtelet.

— L'homme qui avait envoyé Berry à Brest, reprit-elle lentement, c'est M. de Bernage.

— Ah ! s'écria Scaër, j'aurais dû le deviner.

— Comprenez-vous maintenant pourquoi il ne veut plus de vous pour gendre?... Il a appris que j'étais entrée en relations avec vous... Il l'a appris tout récemment... hier, peut-être... Dimanche, quand j'ai été reçue chez lui, il ne le savait pas encore... mais dès qu'il l'a su, il n'a pas hésité une minute à rompre avec vous et à détruire la maison du crime... le soir même, c'était fait... et il ne s'en tiendra pas là.

— Elle lui appartenait donc, cette maison?

— A lui, ou à Georges Nesbitt, disparu depuis dix ans.

— Et le carnet?

— C'est à lui qu'on l'a volé. N'était-il pas au bal de l'Opéra?

— Pibrac prétend l'y avoir vu. Mais qui l'a volé?

— Son ancien complice, probablement. Ils ne s'étaient pas encore concertés, et Berry prenait ses précautions pour le cas où ils ne parviendraient pas à s'entendre. Le voleur, m'avez-vous dit, portait une fausse barbe; c'était Berry qui s'était ainsi déguisé afin que M. de Bernage ne le reconnût pas.

— Il espérait sans doute trouver dans ce portefeuille la somme qu'il exigeait pour se taire...

— Ou bien la lettre de menaces qu'il avait écrite. Et s'il s'est défait du carnet volé, en le fourrant dans votre poche, c'est que, à ce moment-là, il ne savait pas qui vous étiez... mais il l'a su bien vite, puisqu'il vous a suivi jusqu'à l'hôtel du Rhin. Je ne puis que conjecturer ce qui s'est passé ensuite, mais j'imagine que les tentatives de ce coquin ayant échoué, il s'est décidé à traiter avec Bernage. Maintenant, ils sont ligués contre nous. Ils en ont fini avec Alain. Notre tour viendra... non... pas le vôtre, puisque vous allez quitter la France.

— Je ne partirai pas, dit vivement Hervé, et je vais les dénoncer.

— Vous oubliez que vous n'avez pas de preuves contre eux. Vous oubliez aussi que vous étiez sur le point d'épouser Mlle de Bernage. Si vous accusiez son père, on croirait que c'est pour vous venger d'avoir été été éconduit.

Hervé n'avait pas songé qu'en effet il était le seul homme qui n'eût pour ainsi dire pas le droit de dénoncer ce Bernage, qui avait failli devenir son beau-père, et il comprenait que, s'il osait en venir à cette extrémité, l'opinion du monde se tournerait contre lui.

— Que faire donc? demanda-t-il.

— D'abord, chercher des preuves, répondit sans hésiter la marquise. Quand nous en aurons de positives, je me chargerai, moi, d'avertir la justice. Je n'ai pas de ménagements à garder avec l'assassin d'Héva.

Hervé pensait à part lui que ses relations avec Mme de Mazatlan la gêneraient pour entreprendre une campagne contre le père de Solange, mais il s'abstint de le dire, et elle reprit :

— Les preuves, c'est cet incendie qui nous les fournira. Nous saurons à qui appartenait la maison brûlée. A Georges Nesbitt, je n'en doute pas, et Georges Nesbitt a été l'associé de M. de Bernage. Et ce n'est pas tout... cette femme qui est venue hier soir sommer votre pauvre compatriote de déguerpir, c'est la dame de compagnie.

— Mme de Cornuel?...

— Mes pressentiments ne me trompent jamais, et quand je l'ai vue, dimanche, chez M. de Bernage, j'ai eu l'intuition qu'elle avait dû jouer un rôle dans le drame qui a commencé, il y a dix ans. Si Alain n'était pas mort, il la reconnaîtrait, j'en suis sûr. Mais nous nous renseignerons à Clamart, à l'adresse où il lui écrivait, et vous verrez que Mme de Cornuel et Mme Chauvry ne sont qu'une seule et même personne. Quand nous en serons là, je sais ce qu'il nous restera à faire. Maintenant, me permettrez-vous de vous donner un conseil?

— Un ordre, si vous voulez.

— Eh! bien... vous n'êtes pas resté jusqu'à la fin de l'incendie... allez vous informer de ce qui s'est passé après votre départ. Qui sait si, par miracle, Alain n'a pas échappé à la mort?...

— S'il vivait, il serait venu chez moi.

— Il est peut-être blessé et on l'aura transporté dans un hôpital.

— J'aurais dû y aller voir.

— Et le secret que nous cherchons est dans cette maison de la rue de la Huchette.

— J'y cours. Quand vous reverrai-je?

— Quand vous aurez des nouvelles à m'apprendre. Je serai toujours très heureuse de vous recevoir, mais nous ferons bien d'être prudents. On va nous épier.

— On m'épie déjà, je m'en suis aperçu. Il y a un homme que j'ai trouvé deux fois sur mon chemin.

— Comment est-il?

— Il est complètement rasé... comme un valet de chambre...

— C'est lui !.. c'est ce Berry !.. où l'avez-vous rencontré ?

— D'abord, sur le boulevard de la Madeleine, dimanche dernier. Hier soir, je l'ai revu qui se promenait devant le théâtre du Châtelet où j'allais entrer, et plus tard, lorsque je suis monté sur la scène avec Pibrac, je l'ai encore retrouvé dans les coulisses. Mais M. de Bernage, vous le savez, y est venu aussi, et dimanche il était avec moi sur le boulevard, quand cet individu m'a suivi... Ils ne se connaissent pas... s'ils se connaissaient, ils se seraient abouchés...

— Devant vous !... ils n'avaient garde.

— Ah ! s'écria Hervé en se frappant le front, je me souviens... Bernage m'a quitté sur la place de la Madeleine et je l'ai vu de loin aborder un homme qui paraissait l'attendre.

— C'est cela !... Berry, tout en vous suivant, lui aura fait signe de venir lui parler à l'écart... il est allé rejoindre Berry et c'est à ce moment-là qu'ils se sont mis d'accord.

— Non, puisque Bernage nous a fait bon visage, à vous et moi, quand il nous a trouvés causant avec sa fille...

— Parce que Berry n'avait pas eu le temps de lui dire ce qu'il savait sur nous. Peut-être aussi ne savait-il encore que fort peu de chose. Ils se sont revus depuis...

— Oui... c'est Bernage qui l'a amené dans les

coulisses et qui l'a présenté aux danseuses comme un étranger très riche. Je m'explique tout maintenant. Ces deux coquins s'entendent... raison de plus pour que je ne vous laisse pas seule exposée à leurs attaques.

— Je ne refuse pas l'appui que vous m'offrez. Mais je vous prie de faire d'abord ce que je vous ai demandé.

Au revoir, Monsieur ! ajouta la marquise, en tendant au baron de Scaër une main qu'il serra avec effusion.

Hervé avait dit tout ce qu'il avait à dire et l'instant eût été mal choisi pour exprimer à la marquise les sentiments qu'elle lui inspirait. Du reste, il n'y voyait pas encore très clair dans son propre cœur et il ne pouvait pas s'empêcher de plaindre Solange.

Elle n'avait rien à se reprocher, cette fille d'un père criminel, et jusqu'à présent le châtiment n'atteignait qu'elle.

Mais les torts de M. de Bernage n'étaient pas de ceux qu'on peut pardonner, et Hervé, tout en plaignant celle qu'il abandonnait, était bien résolu à ne plus lui donner signe de vie.

La marquise n'avait pas sonné Dominguez pour qu'il reconduisit M. de Scaër, mais le salon où elle l'avait reçu était au rez-de-chaussée, et il n'eut aucune peine à trouver la porte de la rue.

Lorsqu'il l'eut ouverte et refermée derrière lui, Hervé se trouva pris dans un ouragan de neige. Aveuglé par les flocons que le vent lui chassait au visage, il recula pour s'abriter un peu, en s'adossant au mur de l'hôtel occupé par Mme de Mazatlan, pour attendre là qu'un fiacre vînt à passer par l'avenue de Villiers.

Il eut la chance d'en aviser un qui cheminait péniblement sur la chaussée, et il héla le cocher qui s'empressa de s'arrêter pour charger ce voyageur inespéré.

Hervé allait y courir et s'y jeter, lorsqu'il entendit qu'on l'appelait par son nom. Il se retourna vivement et il vit une femme qui venait à lui du fond de la rue Guyot. Cette femme releva sa voilette, et il reconnut Mlle de Bernage.

Il n'en pouvait croire ses yeux et il maudissait cette rencontre, mais il n'eut pas la cruauté de fuir celle qu'il s'était juré de ne jamais revoir. Il alla même au-devant d'elle et il arriva tout juste à temps pour l'empêcher de tomber, car elle se soutenait à peine.

— Je le savais bien, que c'était vous qui étiez chez cette femme, murmura-t-elle d'une voix éteinte.

Hervé ne voulait ni la laisser là, ni sonner pour demander assistance à l'intendant de la marquise. Il l'enleva par la taille et il la porta jusqu'au fiacre providentiel. Le cocher avait déjà ouvert la portière. Hervé déposa la jeune fille sur les coussins. Il allait commander à ce cocher de la voiturer jusqu'à l'hôtel de Bernage ; mais il fut pris d'un remords et, après avoir jeté l'adresse : « boulevard Malesherbes, au coin de la rue de la Bienfaisance », il prit place à côté de la pauvre Solange.

Elle n'avait pas complètement perdu connaissance, mais elle était hors d'état de parler. Elle grelottait, et ses dents claquaient. Elle laissa aller sa tête sur l'épaule d'Hervé. Il fallut bien qu'il l'entourât d'un bras et qu'il lui tint les mains pour les réchauffer entre les siennes. Leurs visages se touchaient presque.

Le fiacre roulait sans secousses et sans bruit sur la neige molle. Ceux qui les auraient vus les auraient pris pour deux amoureux, et, de toutes les aventures par lesquelles passait le dernier des Scaër, celle-là n'était pas la moins bizarre.

Lui qui, tout à l'heure, chez la marquise, se félicitait de la rupture de son mariage, il sentait maintenant battre contre sa poitrine le cœur de la fille de l'odieux Bernage, et il était ému, attendri. Il aurait voulu la consoler et il lui venait aux lèvres de douces paroles qu'il n'osait pas prononcer.

Il devinait que Solange, congédiée par Mme de Mazatlan, avait compris que son infidèle fiancé venait d'arriver et que, pour s'assurer que c'était bien lui, elle avait eu le courage de l'attendre sous la neige, par un froid glacial.

Elle avait joué sa vie pour le revoir; elle méritait mieux que de la pitié.

Du reste, il ne semblait pas qu'elle eût conscience de sa situation, car elle restait immobile et muette.

Hervé se demandait déjà ce qu'il allait faire quand ils arriveraient à l'hôtel de Bernage, qui n'était pas loin.

Il voulait bien y conduire Solange, mais il ne voulait pas y entrer; aussi se promettait-il de descendre seul, de sonner à la grille pour avertir le portier et de le laisser secourir la fille de son maître, si, pendant le trajet, elle ne sortait pas de la torpeur où elle était tombée.

Au moment où le fiacre traversait le boulevard de Courcelles, qui était alors très mal pavé, un cahot la réveilla. Elle se redressa tout à coup et, se dégageant de l'étreinte d'Hervé, elle lui dit :

— Ne me touchez pas. Vous me faites horreur.

Il ne répondit pas un mot. Qu'aurait-il pu dire ? Il savait bien pourquoi elle le traitait ainsi et il n'avait aucune envie de se justifier.

— Vous m'avez trahie, reprit-elle avec une violence qu'elle ne cherchait pas à contenir. Que faisiez-vous chez cette femme ? Je pourrais vous pardonner d'y être allé après la scène que mon père vous a faite... je ne vous pardonnerai jamais de m'avoir trompée en me disant que vous ne la connaissiez pas avant de la rencontrer chez moi.

Vous mentiez !... elle aussi a menti tout à l'heure en me disant que vous vous êtes associés pour venger je ne sais quels morts... elle a parlé d'un crime... et quand je l'ai sommée de s'expliquer, elle a refusé de me répondre. Soyez franc !... avouez que vous l'aimez et que vous ne m'avez jamais aimée... Pourquoi donc vouliez vous m'épouser ? pour ma fortune, sans doute.

— Il vous manquait de m'injurier, répliqua sèchement Hervé.

— Je vous aimais, moi, et vous m'avez brisé le cœur, sanglota la jeune fille.

Hervé n'était pas cuirassé contre la pitié. Les reproches l'avaient blessé ; les larmes le touchèrent et il n'eut pas le courage de désespérer celle qui avait été sa fiancée.

— Vous oubliez, Mademoiselle, que votre père m'a brutalement signifié mon congé... Je ne songeais pas à rompre.

— Vrai ?... bien vrai ?...

— Interrogez-le... il vous dira que c'est lui qui...

— Mais je n'ai pas rompu, moi... il n'a pas le droit de m'imposer sa volonté, et il ne tient qu'à vous de me prouver que vos sentiments n'ont pas changé. Nous allons arriver à l'hôtel... mon père y est... entrez avec moi... nous lui déclarerons que nous nous marierons malgré lui... et si cela ne suffit pas, je lui dirai que je viens de me compromettre, en allant vous chercher chez vous...

Et comme Hervé se taisait :

— Tenez ! reprit l'amoureuse exaltée, la grille est ouverte... nos gens vont nous voir... Mon père saura qu'ils nous ont vus... il faudra bien qu'il cède.

Hervé avait faibli un instant, mais il se souvint à temps que ce père était l'assassin d'Héva. Pour couper court à cette scène pénible, il mit la tête à la portière et il cria au cocher d'arrêter, un peu avant la majestueuse entrée de l'hôtel de Bernage. Le cocher obéit et Hervé sauta sur le trottoir.

En ramenant la jeune fille chez elle, il croyait en avoir assez fait et il tenait à en rester là.

Au moment où il descendit, un coupé de maître qui venait en sens inverse s'arrêta devant la grille à dix pas de lui, et il en vit sortir un homme qu'il reconnut du premier coup d'œil.

Cet homme, c'était celui qui l'avait suivi trois jours auparavant, sur le boulevard de la Madeleine, et qu'il avait entrevu au Châtelet. C'était ce Berry, signalé par la marquise, l'ancien complice de M. de Bernage.

Si Hervé avait eu quelques velléités de renouer, cette rencontre les aurait dissipées.

La mesure était comble. Il fut brutal.

Laissant là Solange, qui se flattait de l'avoir reconquis, il fila au pas accéléré, sans regarder derrière lui.

FIN DU TOME PREMIER

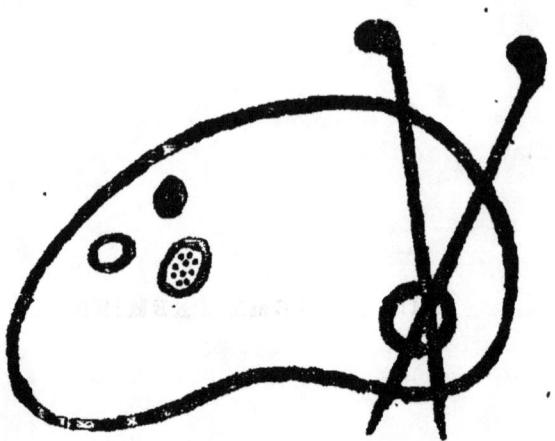

Original en couleur
NF Z 43-120-8

www.ingramcontent.com/pod-product-compliance
Lightning Source LLC
Chambersburg PA
CBHW050646170426
43200CB00008B/1175